这厢有礼之

三字经

杨中介　张海彤／主编

漓江出版社

大私塾教养阶进丛书编辑委员会

总顾问：康　宁　朱宝清

总主编：陈　致　过常宝　张高评

总策划/执行主编：张海彤

本丛书分六系列，共计 18 册：

《汉字之美》：　　　（分三册，共 1012 个常用字）

《书法三十六课》：（分三册，递进式学习书法）

《这厢有礼》：　　（三字经、弟子规、朱子家训）

《诸子百家》：　　（成语故事、寓言故事、智慧故事）

《诗情画意》：　　（分三册，递进式赏读古诗词）

《以史为鉴》：　　（百家姓、五字鉴、史记故事）

各分册主编：

《汉字之美》：　　　姚志红　吴京鸣　张海彤

《书法三十六课》：项　宇　吴京鸣　杨　军

《这厢有礼》：　　　杨中介　张海彤

《诸子百家》：　　　杨中介　牛亚君　杨　宁　任文博

《诗情画意》：　　　陈冰梅　杨海健　张克宏　康晏如　陈　翔

《以史为鉴》：　　　牛亚君　王宇红　张安琪　吴　晓

　　参加编写的还有彭明俊（《汉字之美》）、周杰（《这厢有礼》）、赵宜婉（《这厢有礼》），一并感谢。

　　感谢孙左满先生为"这厢有礼"之《弟子规》提供插画。

"阐扬国故、复兴国学"才刚起步

　　《大私塾教养阶进丛书》的编辑及出版计划，始于 2009 年。当时，张海彤女士跟我谈到想编一套适用于少年儿童学习的国学教材。我当时也泛览过一些市面上的各种国学读本，总觉得一上来就是整套的《三字经》《千家诗》《增广贤文》等等，其实对于小孩子学习来说，未必有效。我想除了极少数特别聪明，而且对中国传统文化特别有兴趣的小孩子以外，大多数小孩子照这样子学所谓国学，很可能从一开始就要"逃之夭夭"了。今人每妄言无忌：古文字学者说自己从四、五岁时就随父师习《说文解字》；文学家则说自己是自幼过目成诵、下笔千言不能自已；经学家会说自己不但能背四书五经，而且能背注疏；讲学家则说自己从小入私塾，熟读经史百家等等，这些当然都是一些市场营销的手段，与事实相去甚远。

　　其实古人学文史，也不是这样整本整套的死记硬背，而是各随自己的兴趣，并且是循序渐进地一点一点开始的。远的不说，看清人自撰的年谱就会发现，很多大学者也都是五、六岁开始识字，一点儿不比我们早；七、八岁开始读一些唐诗宋词，开始学习四书，那是要应付将来的科举考试，挣个文凭出身；再大一些学些古文名篇，十四、五岁时才真正开始读《诗经》、《易经》、三礼、《春秋》三传等。其实这些读书的步骤与少儿的心智发展都是相对应的。再往近里说，饶宗颐、钱锺书先生堪称大师级的了，他们也的确早慧而有过人之能：饶先生 18 岁时已经接续其父完成了《潮州艺文志》；钱锺书先生也在不到 20 岁的时候，替自己的父亲钱基博教授捉刀，为钱穆的《国学概论》作序。这些当代的国学大师级的学者固然聪明过人，但也都是绩学所致，也都没有当今热衷于营销的名家们那样"早慧"和"颖异"。

所以，当海彤说起编一套少儿国学教材时，我倒是想到可以试着按照前人的读书次序编一套分门别类、循序渐进的国学教材。小孩子们可以根据自己的兴趣所在，由浅到深、从易到难地修习国学的精华。

现在好像整个社会都有一种国学复兴的架势，盛况空前。但其盛只是盛在人数众多、声势唬人上，真正要如章太炎先生说的"阐扬国故，复兴国学"，以及胡适先生所提倡的用科学的方法"整理国故之学"，还有相当的路要走。

即以国学的基本教育而言，目前海内外国学院之成立如雨后春笋，却鲜有一套自小学至高中的国学教材，供老师教学、父母教子女之用。容或有这种教材，也是不做公开发行的内部参阅本，得益者甚寡。这套丛书的出版或可弥补这一缺憾。

陈致

香港浸会大学文学院院长
饶宗颐国学院院长

让经典入住心灵，从容面对未来

《易传》云："蒙以养正，圣功也。"启蒙教育是造就个人纯正品质的关键，关系到个人能否顺利成长，长成什么样，所以，它是最为神圣的事。高度重视蒙学，是中国文化的精髓之一。

启蒙教育是很专业的事，不能要求每一位家长和幼教老师都是专家，所以，蒙学教材就变得非常重要。明代哲学家王守仁指出，对儿童的教育不应只限于知识，还应引导其行为；既要适应儿童的天性，也要用"善"和"礼"来约束他。也就是说，好的蒙学教材，一要知行并重，二要生动活泼。这是个简单的道理，却是个极高的标准，能真正做到、做得好，并不容易。

经过历史汰择而流传至今的古典蒙学读物，是传统文化馈赠给我们的瑰宝。让孩子学习《弟子规》之类的蒙学教材，可以接受正宗的儒家教育，养成方正的人格。而蕴含于诸子、史书中的思想和智慧，能体现古典修养的诗书画，都是民族文化的精华。学习这些古典知识和艺术，除了完善自己的素质之外，还能感受古人之情怀，在骨子里留下一缕典雅醇正的古典气质。对孩子来说，从古典文化启蒙，必将终身受益。

《三字经》《弟子规》《百家姓》等是公认的优秀蒙学读物，但时过境迁，一则语言难懂，二则内容不尽合于时宜，三则需要启发示例，这就都需要对这些传统蒙书进行再加工，使之体现现代意义上的知行并重和生动活泼；其他历史故事或文学艺术启蒙教材，也要按照这两个标准编写，使之能够同时切合于古典的内容和现代教育。这些都是很难的事。

　　大私塾知行学馆的专家们，有强烈的文化使命感和爱心，也有很好的专业素质和蒙学经验，在他们和出版社的共同努力下，这套教材无论在内容，还是在形式上，都有上佳的呈现，非常实用。值得一提的是，这套教材的设计，还体现了大私塾亲子教育的理念。亲子教育，适应孩子的心智和情感，同时也能使父母有所感悟，并通过自己对古典文化和行为准则的思考，帮助孩子提升。父母和子女在启蒙教育中共同成长，这对两代人来说，都是弥足珍贵的人生体验。

　　学校传授的现代知识，可以帮助孩子很好地应对现代社会。但在漫长的人生旅程中，大部分时间要面对的是自己、家人，要面对的是习俗、传统等各种文化情境，所以，传统文化和古典修养，对于每一个中国人来说，是不可或缺的。相信通过这套丛书，能让孩子们在传统文化中受到启迪，获得裨益，让古典精神和知识在自己的心灵中成长为一股力量，从容地面向无限可能的未来。

北京师范大学文学院院长

人文素养与积学储宝

　　人文素养，是沟通交际的软实力。创意表达，是突破困境的万灵丹。两者的交集，就在阅读生发的能量。素养，靠日复一日的积累；表达，赖精确有效的运用。表达需要创意，才见精彩；创意仰赖文化，才能茁壮。好比储蓄与提款，想如愿地投资理财，必先储存可观的资金；又像数据库的建构与使用，如果存量不够丰富而多元，那就不能左右逢源，心想而事成。人文素养的积累和表达能力的创新，道理是一样的。其中，文化因素是之间的触媒。

　　"博观而约取，厚积而薄发"，是大文学家苏东坡温馨而具有智慧的提示。在苏东坡生长的北宋时代，除传统写本外，又多了印本图书。面对知识爆炸，阅读将如何抉择？东坡于是有如上述的建言。如今我们面对的知识传播，其复杂与快速，自非古人所能想象。不过，现代人每天看的报章、杂志、计算机、网络，有很多属于信息、消息，不等于知识或学问。再博观、再厚积，值得储存的知识能量毕竟有限。如何善用琳琅满目的信息，转化为所向无敌的创意，积淀为可大可久的人文素养，那肯定是另一个话题。

　　中华传统文化，源远流长。经过时间长河的淘洗，淬炼为优质可贵的文化遗产，体现为传世不朽的经典图书。这些图书，大部分提供给大人阅读；有一些书，适合少年儿童朗读。其中价值无限，值得永久典藏者不少。古人说"开卷有益"，又说"转益多师"，强调阅读的行动和质量，可作为座右铭。有鉴于苏东坡"博观厚积"的指引，《易经》蒙卦"匪我求童蒙，童蒙求我"之启示，一群志同道合的朋友，同心协力，成就《大私塾教养阶进丛书》用专家的材料，写出通俗的文字，作为亲子间的知识飨宴。学童经由年年岁岁的积累，春风化雨般的熏陶，对于文化精华的蕴藏自然丰厚，将来长大成人，无论约取或薄发，多可以如鱼得水，无入而不自得。所谓"书到用时方恨少"，未雨绸缪，及早储备，方是良策。

这部亲子读物，古人叫作童蒙书。就属性来说，大抵经、史、子、集都有。分享圣贤之智慧，传承人生之经验，是各书的共同特色。至于提供历史教训、处世哲学，展现人文关怀、应对诀窍，更所在多有。本丛书尤其注重实作演练，有关艺术陶冶与创意发想，于家教启蒙中，已逐渐奠定利基。这部童蒙经典，大抵皆为优质文化遗产的结晶，《易经》大畜卦称"君子以多识前言往行，以畜其德"，是指多接触古书，了解历史文化，所谓积学可以储宝。台湾师大鲁实先教授曾言："人天生的智慧很难改变，但聪明可以学习。熟读历史，可以使人聪明！"传统文化，就是过去历史的精华，先贤用心良苦，编成《三字经》《弟子规》《五字鉴》《朱子家训》等童蒙书，认为教育应从幼童开始。用心诵读积累，当有助于将来的约取薄发。人文素养沉潜认知既深，更有助于应付世变，驾驭世变，促使创意发想成为无限可能。

阅读之于思想和素养，好比音乐之于心灵，甘霖之于沙漠，河海之于舟船。给人滋润，给人能量，给人激励，给人启发，给人反思；同时又能令人陶醉，令人感动，令人鼓舞，令人充实。至于开发潜能，升华认知，促成创意发想，更是阅读活动的必然结局和成效。心理学家说：从接收到反应，阅读很容易生发感染的气氛，形成同群效应。阅读，号称文明之声。知识飨宴的场景，是温馨美好的亲子活动图。期待这种风景，能够天天在家庭完美上演。

朱熹是位知名的理学家、大学者，读了很多书，也写了很多书。他曾作一首诗，推崇知识的惊人能量：

昨夜江边春水生，艨艟巨舰一毛轻。

向来枉费推移力，此日中流自在行。

阅读可以获取知识，知识等同能量；拥有无限的能量，人生就可以"自在行"。

愿共勉之，是为序。

張高評

台湾成功大学中文系教授

2015年8月15日

中国社会发展至今，越来越多的父母意识到，丢掉自己的传统是多么的得不偿失，其实文化本来就没有孰优孰劣，你属于哪儿，你的文化属性就是哪儿的。中国文化传承数千年，我们不该妄自尊大，更不必妄自菲薄，所以，让孩子们接受中国传统文化的启蒙和熏陶，是中国人应该有的文化自信。

　　面对这个纷纷扰扰的世界，向几千年前的先祖寻求智慧，成了大家的共识。从孔子到朱熹，再到民国时期，无数大家为孩子们编写了童蒙教材。我们从古代众多的幼儿启蒙教材中选取《弟子规》《三字经》《朱子家训》三册，组成《这厢有礼》系列，我们结合现实重新编写，用讲故事的方式，让家长与孩子共同学习，真正领会典籍中深厚的思想底蕴和实用的人生哲理。我们希望，通过学习先贤智慧，来解决当下的问题。

　　那么，这本书应该怎么读呢？

　　《三字经》是古代儿童懂礼识字的入门经典，是宋朝学者王应麟写的韵文教材，三字一句，四句一组，有如打油诗，可以像唱儿歌一样的轻松背诵。《三字经》教育儿童首先要完成品格和德行的培养，然后才学习文化知识与技能。这是一本充满儒家思想的读物。

典籍原文

有注音和注释，小朋友可以先不看译文，根据注释，在空白处写下你对整句话的理解。

思考和回答

看了右边的故事，再看看这些问题，或者你再提出一些问题，然后试着回答一下。书中空白处都可以写字哦。

与原文相关的故事

请爸爸妈妈读给小朋友听，然后跟小朋友一起讨论一下，这个故事告诉了你什么道理，问问自己，换作是你，你会怎么做呢？

《弟子规》原名《训蒙文》，据考证为清朝康熙年间秀才李毓秀所作，内容采用《论语》"学而篇"的内容，教导孩子生活起居、待人接物与学习上应该恪守的行为规范，是孩童接受中国传统文化与伦理道德教育，养成良好生活习惯的最佳读物。

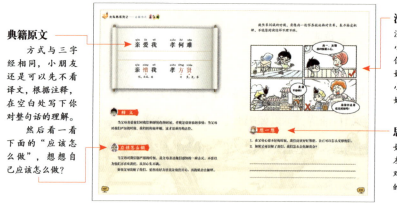

典籍原文

方式与三字经相同，小朋友还是可以先不看译文，根据注释，在空白处写下你对整句话的理解。

然后看一看下面的"应该怎么做"，想想自己应该怎么做？

漫画故事

没有爸爸妈妈的讲解，小朋友也可以看得懂，但是你可以跟爸爸妈妈讨论一下，或者跟小伙伴一起表演一下，好不好？

思考与回答

如果你会写字，小朋友可以在这里写下你对这段文字或者故事的理解。

《朱子家训》包括两部典籍、两位作者，一位是宋朝的大学者、思想家、政治家朱熹，他是最早定义启蒙教育的教育家，他所作的《朱子家训》和《童蒙须知》从宋朝开始，就成为蒙学启蒙的必读教材；另一位作者叫朱柏庐，他所作的《朱子家训》又称《朱柏庐治家格言》，是明末清初理学家朱用纯（字柏庐）的经典家训，其中如"一粥一饭，当思来处不易"、"宜未雨而绸缪，毋临渴而掘井"等，已成为大众熟知的处事格言。

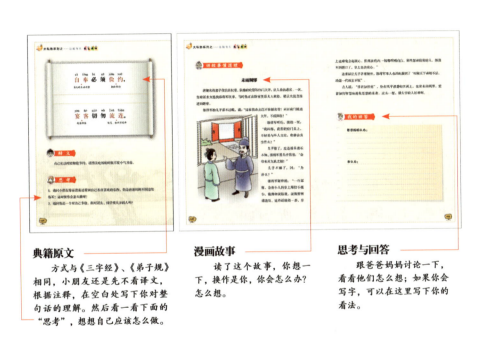

典籍原文
方式与《三字经》、《弟子规》相同，小朋友还是先不看译文，根据注释，在空白处写下你对整句话的理解。然后看一看下面的"思考"，想想自己应该怎么做。

漫画故事
读了这个故事，你想一下，换作是你，你会怎么办？怎么想。

思考与回答
跟爸爸妈妈讨论一下，看看他们怎么想；如果你会写字，可以在这里写下你的看法。

这套书结合当下生活实例，通过充满童趣的漫画，将古代蒙学经典与现实相结合，不但有助于孩子识字量的积累及语文能力的掌握，还可以让孩子知书达理，并体会中国传统文化的精髓。希望孩子们通过阅读这套书，能够走近圣贤，亲近传统，用先哲的智慧解决当下的问题，让传统文化与自身素质相融，为我所用，为今所用。这才是我们学习传统经典的现实意义，这也正是这套书有价值的地方。

目录

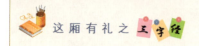

rén zhī chū　　xìng běn shàn

人 之 初， 性 本 善。

性情

xìng xiāng jìn　　xí xiāng yuǎn

性 相 近， 习 相 远。

释 义

　　人生下来的时候，本性都是善良的，由于后天生活环境和接受教育的不同，性情也就有了好坏之别。

思 考

1. 小朋友，你认为学习是什么？

2. 如果小朋友们不接受教育会怎样？

3. 通过学习你得到了什么？

晋朝时，有个名叫周处的人。他本性善良，可是，由于他自小便没了爹娘，在无人教导的情形下，性情变得很残暴，行为也十分野蛮。周处总是欺负弱小，常常因为自己不高兴，就把别人打得头破血流，所以村里的人见了他，总是躲得远远的。

有一段时间，村子里出现了一只凶恶的老虎，在山脚下的大湖里也出现了一只可怕的蛟龙，常常侵害村里的农作物，甚至还把农民活生生吞掉。大家觉得很害怕，把老虎、蛟龙及周处合称"三害"，还说"三害"不除，村民将永无安宁之日。

听说村里来了"三害"，冲动好斗的周处立刻到山里一拳就把老虎给打死了，接着又到湖里抓蛟龙，在湖里追了三天三夜，才消灭了蛟龙。岸上的村民见周处一直没有浮出水面，还以为他和蛟龙同归于尽了，于是，大家便在岸上庆祝除去了"三害"。

周处明白自己竟是第三害后，下决心改过自新，不再做让别人讨厌的人。

gǒu bú jiào   xìng nǎi qiān
苟 不 教， 性 乃 迁。
如果   转变

jiào zhī dào   guì yǐ zhuān
教 之 道， 贵 以 专。
                最重要的

释 义

　　如果从小不接受教育，善良的性情就会变坏。教育的宗旨，就是要专心一意坚持不懈。

思 考

1. 你觉得学习中最重要的是什么？

2. 为什么说学习时要专心致志？

3. 请你说一说，为什么神童方仲永最后会和普通人没有什么区别？

古时候有一个叫方仲永的神童，五岁的时候，有一天突然向爸爸要笔、墨、纸、砚这类他从来不曾见过的东西。爸爸觉得很奇怪，但还是向邻居借了一套给他，他立即写了一首诗，还题上了自己的名字。村里的秀才听说后，就指定物品让他作诗，他仍然可以马上写出来，文采和内容还很好。同县的人感到惊奇，纷纷请他的父亲去做客，还不断有人用钱财和礼物求仲永写诗。他的父亲认为有利可图，

每天带着方仲永四处拜访同县的人，不让他学习。仲永渐渐长大了，不再像小时候那样聪慧了，又过了一段时间，他就已经和普通人没有什么区别了。

这是王安石的名篇《伤仲永》，他告诉我们一个道理：一个人即使有再高的天赋，如果不努力学习，也很难取得真正的成就。

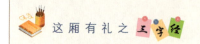
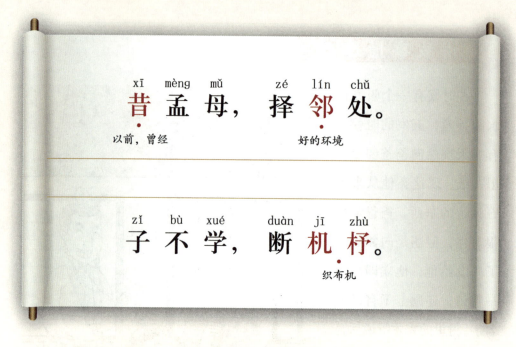

xī mèng mǔ　　zé lín chǔ
昔孟母，择邻处。
以前，曾经　　　　　好的环境

zǐ bù xué　　duàn jī zhù
子不学，断机杼。
　　　　　　　　织布机

释义

　　战国时，孟子的母亲为了使孟子有一个良好的学习环境，曾三次搬家。一次孟子逃学，孟母把织好的布割断来教育他做事要持之以恒，不能半途而废。

思考

1. 为什么孟母要三次搬家，"孟母三迁"说明了一个什么道理？

2. 孟母为什么要把织好的布剪断？

3. 学习能不能半途而废？为什么？

孟子小时候，有一次逃学回家，他的妈妈知道了，心里很难过，就拿起剪刀，把织布机上的布剪断，对孟子说：这些布都是一针一线织起来的，一刀剪断，以前的功夫就白费了，无法织成布。学习也是一样，要每天坚持不断地学习，才会有成就，如果半途而废，以前学的知识就白费了。

孟子听了，感觉很羞愧，以后再也不敢逃学了。他每天勤学苦读，后来成了著名的思想家、政治家、教育家，被后人尊奉为仅次于孔子的"亚圣"。

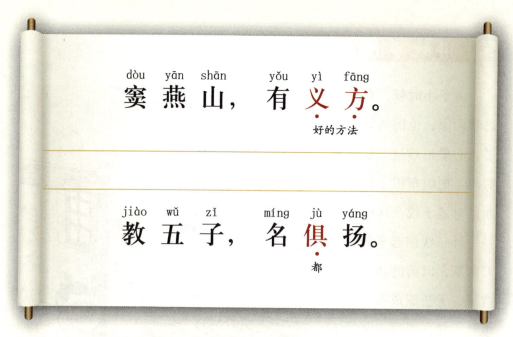

dòu yān shān， yǒu yì fāng。
窦 燕 山， 有 义 方。
好的方法

jiào wǔ zǐ， míng jù yáng。
教 五 子， 名 俱 扬。
都

释 义

　　五代时的燕山有一户姓窦的人家，父亲教育孩子有很好的方法，他教育的五个孩子都有很大的成就，名扬天下。

思 考

1. 你的爸爸妈妈是怎样教育你的呢？

2. 如果父母对小朋友不管不顾，会怎样呢？

3. 为什么说好的教育方法很重要？

窦禹钧是五代时期后晋人，家住燕山（今属北京），年轻时人品极差，家里本来已经很有钱，还贪得无厌，盘剥穷人。他妻妾成群，30岁了却一个儿子都没有。一次他做梦，梦见父亲对他说，如果他再心术不正，上天就会惩罚他，让他无子而且短命。醒后他反省自己，决心重新做人，从此他修身养性，广做善事，毫不怠慢。后来，他有了五个儿子。由于他重

礼仪、好德行，且教子有方、家庭和睦，窦家终于发达了。他的长子名仪，官至礼部尚书、翰林学士；次子名俨，任礼部侍郎；三子名侃，任起居郎；四子名偶，任谏议大夫；五子名僖，任补阙。当五个儿子均金榜题名时，侍郎冯道赠他一首诗："窦燕山十郎，教子以义方。灵椿一株老，丹桂五枝芳。"后来人们称窦家五子的故事为"五子登科"。

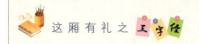
yǎng bú jiào fù zhī guò
养 不 教， 父 之 过。

过失，过错

jiào bù yán shī zhī duò
教 不 严， 师 之 惰。

失职，不负责任

释 义

只是解决孩子衣食住行的问题，而不好好教育，是父母的过失。教育的时候不严格要求，就是老师的失职。

思 考

1. 小朋友做错事的时候，爸爸妈妈和老师会怎么做？你觉得对吗？

2. 如果爸爸妈妈对小朋友非常溺爱，会怎样？

3. 如果你有孩子，你会怎样教育他？

有一个妈妈非常疼爱自己的儿子，把他宠得任性又霸道。他偷偷地拿别人东西的时候，妈妈都会纵容他，不加管教，最后他成了一个盗贼，烧杀掳掠，无恶不作，最后被抓，判了死刑。在即将行刑的时候，他要求和妈妈说几句话，泪流满面的妈妈走过去以后，儿子狠狠地咬了妈妈一口，说：

"如果在我做错事的时候，你狠狠地教训我，我就不会一错再错，落得这个下场，连改过自新的机会都没有了。"妈妈这时候才明白，一味地溺爱孩子，不是爱他，而是害了他。但是后悔也来不及了。

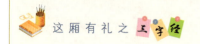
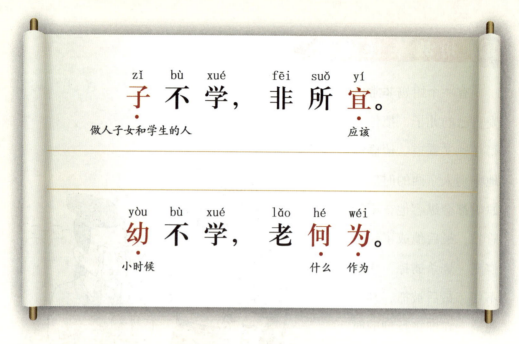

zǐ bù xué   fēi suǒ yí
子 不 学， 非 所 **宜**。
做人子女和学生的人   应该

yòu bù xué   lǎo hé wéi
幼 不 学， 老 **何** 为。
小时候   什么 作为

释 义

　　做人子女和学生的人，不好好学习，是很不应该的。一个人从小时候就不好好学习，等长大了，能有什么作为呢？

思 考

1. 为什么说小孩子都应该好好学习？

2. 你长大后想做什么，如果不好好学习这个理想会实现吗？

3. 读完这个故事，你觉得为什么学习要趁早？

北齐有个著名的学者叫颜之推，他有好几个孩子。在孩子三岁的时候，颜之推就让他们读书。一次孩子问颜之推："爸爸，我们一定要读书吗？有很多人没读过什么书，也能吃得很好，还能做大官，我们为什么一定要读书呢？"颜之推回答说："的确有那种不用读书，只凭借父辈的福荫，就当上大官，坐享荣华富贵的。但是到了紧要关头，这些人就会束手无策，因为他们没有读书，没有知识。"

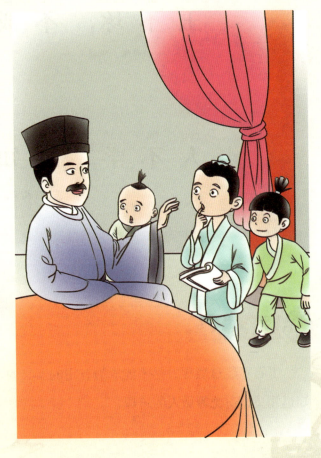

孩子又问："我们能不能长大些再读书呢？"颜之推说："读书学习应当只争朝夕，趁年纪小、记忆力好的时候多读些书，将来才能对圣贤们的道理有更深刻的理解，以后才能尽早为国家服务，成为国家的栋梁之材。"

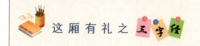

yù bù zhuó   bù chéng qì

玉 不 琢，不 成 器。

雕琢，琢磨

rén bù xué   bù zhī yì

人 不 学，不 知 义。

礼义、道德等做人的道理

释 义

　　玉石不经过雕琢，是不能成为有用的器具的。人如果不好好学习，就不知道礼义、道德等做人的道理。

思 考

1. 你通过学习学到了哪些做人的道理？

2. 你觉得这些道理在日常生活中对你有什么帮助？

3. 即使是价值连城的璞玉，不经过雕琢，也和普通的石头没有什么区别，你打算怎样好好学习，来实现自己的人生价值呢？

讲故事懂道理

春秋时期，楚国有一个叫作卞和的樵夫。一天，他在山里砍柴时，发现一块纹理很特别的璞玉，他认为这块璞玉一定可以雕成一块价值连城的宝贝，就去把它献给楚厉王，因为璞玉雕琢前，和石头没有什么区别，所以璞玉被玉匠鉴定为石头。楚厉王非常生气，就下令砍断了卞和的左脚。

厉王死后，武王继位，卞和又把璞玉献给武王，可仍被玉匠鉴定为石头，武王下令把卞和的右脚也砍断了。后来，文王继位，卞和不敢去献玉了，就抱着璞玉在山脚下大哭，文王知道后，就命令玉匠细细地雕琢，果然雕出了一块晶莹剔透的宝玉。为了纪念卞和，就把它命名为"和氏璧"。

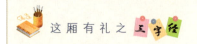

wéi rén zǐ   fāng shào shí
为 人 子，方 少 时。
　　　　　　当……时候

qīn shī yǒu   xí lǐ yí
亲 师 友，习 礼 仪。
　　　　　　学习

释 义

做人子女和学生的人，从小就要多亲近好的老师和朋友，从他们身上学习与人交往的礼节与方式。

思 考

1. 为什么说学习礼仪要从小开始？

2. 你最好的朋友是谁，他有什么值得你学习的好品质？

3. 如果一个人不懂礼貌，言行粗暴，你会想和他做朋友吗？为什么？

管宁是三国时期人，他从小做事就认真专注，从不分心。有一次，管宁和朋友华歆坐在一张席子上读书。管宁十分认真，专心致志地阅读，可是华歆却不那么专注。忽然门外的大街上人声嘈杂，议论纷纷，说是一个有名的大官经过这里。华歆再也坐不住了，心想：出去看看也许可以交个朋友。于是放下书本看热闹去了。管宁对这种三心二意读书的态度很生气，于是拿出刀子，割断了坐在身下的席子，表示自己绝不要和华歆一样，要和这种人绝交。

这则小故事出自《世说新语》。管宁因为华歆的行为不符合自己做人的标准，就愤而绝交，你觉得这样做过分吗？当然，真正的朋友是该有共同的思想和追求的，想想你是管宁还是华歆？

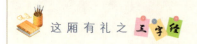
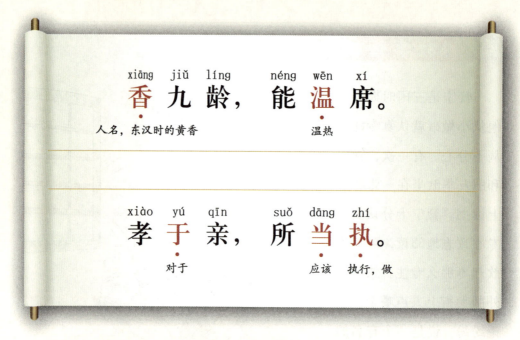

xiāng jiǔ líng，néng wēn xí
香九龄，能温席。
人名，东汉时的黄香　　　温热

xiào yú qīn，suǒ dāng zhí
孝于亲，所当执。
对于　　　应该　执行，做

释 义

　　黄香九岁的时候，在冬天，父亲睡觉前，用自己的身体先把床褥暖热，再请父亲睡觉。他的这种孝敬父亲的行为，是我们做子女的应该做的。

思 考

1. 你在家的时候父母是怎样做的呢？

2. 你帮父母做过哪些事呢？

3. 你认为孝敬父母应该怎样做，你能做到像黄香这样吗？

东汉时，有个九岁的小孩黄香。黄香九岁的时候，母亲就过世了。他非常地孝顺父亲，为了不让父亲太劳累，所有的家务事都是自己动手做的。夏天时，他会用扇子把席子给扇凉了，再请父亲上床睡觉。天气变冷了，黄香总会在父亲睡觉前，自己先把被窝躺暖，才让父亲入睡。

黄香的这种孝行，没有多久便传遍了整个县城，大家都夸黄香是个孝顺的孩子。

中国文化以孝治天下。在汉朝，有"举孝廉"制度，是发现和培养预备官吏的方法，规定每20万户中每年推举"孝廉"一人，由朝廷任命官职。被推举的学子，除博学多才外，更须孝敬父母，行为清廉，没有孝廉品德者不能为官。因为所有人都相信，一个对父母好的人，才会对百姓好、对国家好。

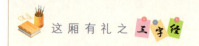

róng sì suì　　néng ràng lí

融四岁，能让梨。

东汉时期的孔融

tì yú zhǎng　　yí xiān zhī

弟于长，宜先知。

兄长　　应该

释义

孔融四岁的时候就知道把大梨让给兄长，这种敬爱兄长的行为是每个人从小就应该知道的。

思考

1. 如果你有哥哥姐姐你会怎样礼让他们？

2. 如果你有弟弟妹妹你会怎样爱护他们？

3. 如果你能做到礼让哥哥姐姐，爱护弟弟妹妹，你觉得他们会怎样对待你？

孔融是东汉末年人，孔子的二十世孙。他四岁时，一次有人送来一筐梨，他和几个哥哥挑，孔融挑了最小的一个。父亲好奇地问他："你怎么不拿大的？"他说："哥哥年纪大，应该吃大的。"父亲笑，又问："你不是还有弟弟吗？"他又回答："我比弟弟大，应该把大的让给弟弟吃。"父亲听了十分高兴。

有的人说孔融的理由一会儿是大，一会儿是小，

根本没原则，其实这就是"谦让"。孔融小小年纪就知道谦让，是非常好的美德，说明孔融的父母非常重视道德常识教育，并将这种教育融入到日常生活中。

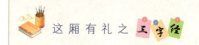

shǒu xiào tì, cì jiàn wén。
首 孝 弟， 次 见 闻。
敬爱兄长　　其次

zhī mǒu shù, shí mǒu wén。
知 某 数， 识 某 文。
一些　　　　学问的统称

释 义

做人最基本的就是要孝敬父母，礼让兄弟姐妹，其次才是我们要学习的常识和知识。这些常识和知识，包括能明白数字的变化，懂得计算的方法，并能认识文字，阅读文章。

思 考

1. 为什么说孝敬父母、礼让兄弟姐妹是最基本的？
2. 如果一个人对父母的态度很差，你会愿意和他做朋友吗？为什么？
3. 你觉得怎样做是孝顺父母？

古时候，有一个叫王祥的小孩子，他的亲生母亲去世了，父亲又娶了一个妻子。后母不喜欢王祥，可是，王祥很听后母的话，后母吩咐他的事，他都竭尽全力去做好。

一个寒冷的冬日，后母生了病，想吃活鱼，要王祥到河里捉鱼。天空飘着鹅毛大雪，北风呼呼地吹着，河水早已结冰，哪里会有鱼呢？

王祥想：我可以用体温使冰块融化啊！于是，他脱掉衣服，躺在冰上，刺骨的寒冷使他牙齿打战，全身颤抖，但他为了能捉到鱼一直强忍着。突然，一声巨响，他身体下的冰块裂开了，两条鲤鱼跳了上来。王祥大喜，抱着鲤鱼飞奔回家，煮了鱼汤给后母吃。

这是《二十四孝》中的故事，有点儿神话，但它说明王祥是个心中有爱的人，说明他的孝感动天地！

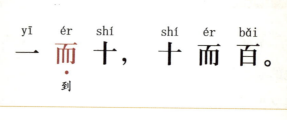

yī ér shí，shí ér bǎi
一 而 十， 十 而 百。
　　到

bǎi ér qiān，qiān ér wàn
百 而 千， 千 而 万。

释 义

　　从一到十，是算术里最基本的，十个十进位到百，十个百进位到千，十个千进位到万，一直到无穷无尽。

思 考

1. 你身边有没有不学无术和知识渊博的人？他们分别给你什么样的感觉？

2. 为什么说知识要一点点积累？你知道哪些关于积累的成语和故事，请你说一说。

3. 你觉得你现在拥有的知识可以解决生活中的哪些问题？为了独立解决更多的问题你应该怎么做？

数数从一开始数，读书做学问也是这个道理，凡事从"一"开始，日积月累，坚持不懈，就能有始有终，"千而万"。

三国时期吴国大将吕蒙没有文化知识，孙权鼓励他学习史书与兵法。吕蒙总是推说军队事多没有时间学习，孙权列举自己及前人的例子。孙权说："你的事情总没有我多吧？我并不是要你去研究学问，而只是要你翻阅一些古书，从中得到一些启发罢了。"

吕蒙问："可我不知道应该去读哪些书？"

孙权听了，微笑着说："你可以先读些《孙子》《六韬》等兵法书，再读些《左传》《史记》等一些历史书，这些书对于以后带兵打仗很有好处。"

停了停，孙权又说："时间嘛，要自己去挤出来。从前汉光武帝在行军作战的紧张关头，手里还总是拿着一本书不肯放下来呢！为什么你就没有时间呢？"

吕蒙听了孙权的话，回去便开始读书学习，并坚持不懈。最后做了吴国的主将，有勇有谋，屡建奇功。

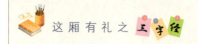

sān cái zhě   tiān dì rén

三 才 者， 天 地 人。

初始

sān guāng zhě   rì yuè xīng

三 光 者， 日 月 星。

光源

释 义

有了天、地、人，世界才得以开始；有了太阳、月亮和星星，世界才有了光亮。

思 考

1. 你觉得没有人，这会是怎样的一个世界？

2. 没有光这个世界又会怎样？

3. 你知道天地形成的真正原因吗？

传说在天地没有形成之前，是一个浑圆体，没有日月星辰，没有山石草木，也辨不清东南西北。就在这时，出现了一个叫盘古的人，他什么都看不见，就拔下一颗牙齿，牙齿变成了一把威力巨大的神斧，盘古把斧头抡起来向周围砍去。世界一分为二，重的一部分下降为地，轻的一部分上升为天。此后，天每年向上升高一丈，地向下增厚一丈，盘古头

顶天脚踏地，每年也长高一丈。过了很久很久以后，天已经足够高了，地也足够厚了，盘古就倒在了天地间。他的左眼变成了太阳，右眼变成了月亮，眼泪洒向天空变成了繁星，血液和汗水变成了江河湖泊，身体变成了山脉，气息变成了风和云雾，声音变成了雷鸣。

"天"是阳气，指万物赖以生存的空间，包括日月星辰运转不息，四季更替而不乱；"地"是阴气，指万物借以生长的地理条件和各种事物；"人"在天地之间，连接阴阳，天人合一，是和气，是万物之灵。我们的祖先认为，这三个条件具备了，世界才得以开始。

sān gāng zhě   jūn chén yì
三纲者，君臣义。

纲纪，人与人之间相处最重要的部分

fù zǐ qīn   fū fù shùn
父子亲，夫妇顺。

和睦

释义

　　人与人相处最重要的三个行为准则是：君主与臣子之间的言行举止要合乎礼，父母与子女之间要相亲相爱，夫妻间要和睦相处。

思考

1. 你的爸爸妈妈是这样相互敬重的吗？你觉得人和人这样相处好吗？

2. 说一说你是怎么尊重长辈的。

3. 你与父母的相处是否符合"父子亲"的原则？

讲故事懂道理

"三纲"倡导的是一种爱，一种关切，一种道义，这是一种温馨和谐的君臣关系、父子关系、夫妻关系。虽然在社会和家庭中，君臣、父子、夫妻的地位不同，但是大家在人格上是平等的，体现出的是一种尊重。"夫妇顺"强调夫妻之间要和睦。

汉代著名的隐士梁鸿和他的妻子孟光，便是夫妻和顺的典范。史书上记载，梁鸿不想出仕做官，便和妻子一同隐居在山中，靠给人舂米为生。每当梁鸿回家时，孟光就将早早准备好的饭菜放在盘子里，恭敬地举起跟眉毛齐平，而梁鸿也会弯下腰，彬彬有礼地用双手接过盘子。这就是"举案齐眉"典故的由来。

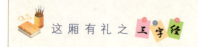

yuē chūn xià   yuē qiū dōng
曰 春 夏， 曰 秋 冬。
说

cǐ sì shí   yùn bù qióng
此 四 时， 运 不 穷。
时节，季节   运行   尽，停止

释 义

　　说到春、夏、秋、冬这四个季节，一直都是按照春夏秋冬这个顺序来运行的，永远不会停止。

思 考

1. 你知道不同的季节种什么农作物吗？

2. 你知道每个季节的显著特征吗？请说说你所在的地方，四季的特征是什么样的？

3. 你实际看到或亲手种过什么农作物吗？没有的话，让爸爸妈妈带你去体验一下播种或者收获的乐趣吧。

讲故事懂道理

古老的中国是以农立国的，所以有一套指导人们耕作的时间表就显得尤为重要。相传在黄帝时期我们的先祖发明了历法。黄帝有两个大臣，一个叫羲和，一个叫常仪，他们两位对天文都很感兴趣。为了更好地发展农业，黄帝就叫羲和研究太阳运行的规律，常仪研究月亮和星辰的变化规律。经过一段时间的努力，他们终于找到大自然的规律，研究出一套历法，用来指导人

们的春耕、夏耘、秋收、冬藏。因为是在黄帝时期开始使用的，所以叫作"黄历"。这套历法经过无数代后人的不断补充和完善，一直沿用到现在。我们今天俗称为农历、阴历，这是世界上最早的历法之一。

yuē nán běi， yuē xī dōng

曰 南 北， 曰 西 东。

cǐ sì fāng， yìng hū zhōng

此 四 方， 应 乎 中。

方向，方位   对应   在

释 义

说到南北西东，这四个方向，要与中央位置对应，才能把各个方向确定出来。

思 考

1. 用指南针确定一下方向，并说一说它的工作原理。

2. 你家在你所在城市的哪个方向，你是以什么作为参考标准的？

3. 说一说在我们日常生活中有哪些事情需要用到指南针。

讲故事懂道理

一提到方向，大家都会想到东、南、西、北这四个方向，按阴阳五行之说，又有东方青龙、北方玄武、西方白虎、南方朱雀的说法。

为了能够准确地辨别方向，在很早很早以前，我们的祖先就用磁铁发明了"罗盘"，也就是"司南"，与现在的指南针的用途一样。当时的人们在采玉时，一定会带着罗盘，以免迷失了方向，回不了家。罗盘上面放着一把铁制的勺，

勺把儿永远指向南方，南方确定了，其余的三个方向也就知道了。

如今，指南针已广泛地应用到生活中的各个方面。有时候，我们还会用指南针比喻我们做事的原则和指导，比如说，"'善良、仁德、礼貌'是我们行为的指南针"。

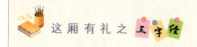
yuē shuǐ huǒ　　mù jīn tǔ
曰 水 火， 木 金 土。

cǐ wǔ xíng　　běn hū shù
此 五 行， 本 乎 数。
万物分类的基本抽象概念　　根据　于、在　数目

释 义

　　说到金、木、水、火、土，这五个万物分类的基本抽象概念，是根据数目变化而来的。

思 考

1. 小朋友，你知道"金木水火土"这五行是怎么来的吗？

2. "金木水火土"是不是我们生活中见到的这些实际物体？

3. 你知道在太空中与"金木水火土"相对应的星球是哪些吗？

讲故事懂道理

古人认为，混沌未开的时候，天地合一，称为太极。太极的元气中，动的称为阳，静的称为阴，动到极点就变为静，静到极点就变为动。阴和阳分开以后，就形成天和地；阴阳合并在一起就形成了金、木、水、火、土五行。所以，在混沌初开的时候，五行就与天地一起形成，这是五种基本分类的抽象名称，并不是指金、木、水、火、土这五种具体的东西。

你知道吗，在日本，现在依然是用五行加日月来表示一星期的每一天的。星期一到星期日分别为月、火、水、木、金、土、日。

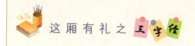
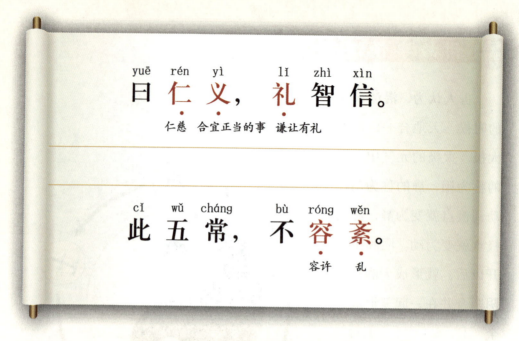

　　　　yuē　rén　yì　　　lǐ　zhì　xìn
　　曰 仁 义， 礼 智 信。
　　　　仁慈　合宜正当的事　谦让有礼

　　　　cǐ　wǔ　cháng　　bù　róng　wěn
　　此 五 常， 不 容 紊。
　　　　　　　　　　容许　乱

释 义

　　为人处世，要有恻隐之心，能与人和谐相处；知善恶懂谦让；有恭敬之心，以礼待人；知书达理，明辨是非；诚实守信。这五个不变的法则，是不可紊乱的。

思 考

1. 你遇到过或者听说过让你感动的事吗？

2. 对朋友许下的诺言你都做到了吗？如果你只说不做，朋友会怎样看你？

3. 想想看，假如大家都不讲"仁义礼智信"，我们的生活会怎样？

从前有个商人，有一次在乘船过河时船沉了，他拉着桅杆大声呼救，正巧在这时有一个渔夫经过，商人大喊："如果你能把我救上来，我给你100两金子。"当渔夫把他救上岸以后，他给了渔夫10两金子，再也不肯多给了。渔夫怪他不守诚信，可丝毫没有办法，只得离开。没过多久，商人的船又在原地沉了。有人想救他，渔夫说："他就是那个不信守诺言的人。"大家听了，就没有人愿意去救商人了。

故事中的主人公正如"狼来了"的故事中的孩子一样，因为自己不守信用辜负了别人对自己的信任，最后白白丢掉了性命。所以我们在说话做事时，要对自己的言行负责。失信于人的人，再得到别人的信任就很难了。

这厢有礼之 三字经

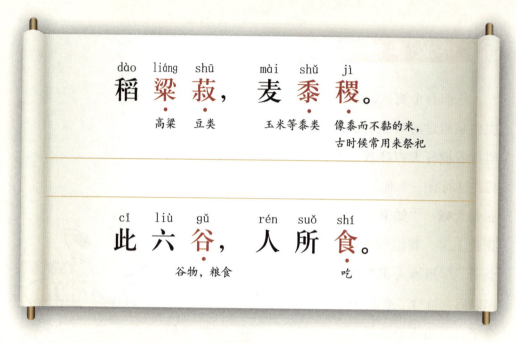

dào liáng shū　mài shǔ jì
稻 粱 菽，麦 黍 稷。
　 高粱　豆类　　玉米等黍类　像黍而不黏的米，
　　　　　　　　　　　　　　　　古时候常用来祭祀

cǐ liù gǔ　rén suǒ shí
此 六 谷，人 所 食。
　　谷物，粮食　　　　　吃

释　义

　　人们吃的食物主要是稻米、高粱、豆类、麦类、黍米和稷类这六种粮食。

思　考

1. 你最喜欢吃哪种食物？你见过它们的植物吗？

2. 你知道它们的种植方法吗？如果不知道，请动手查一查。

3. 你平常吃饭的时候把自己碗里的饭吃完了吗？你觉得应该怎样做？

讲 故 事 懂 道 理

有一句成语"四体不勤，五谷不分"，说的是一个人好吃懒做，不能分辨出五谷。"五谷丰登"也被人们经常用来表示农作物的大丰收。这里却说有"六谷"，因为在古代，适宜在南方生长的稻子并没有在北方种植，而古代的经济文化中心一直在北方，因此五谷中没有稻子。后来随着人们生产水平的提高，稻子在北方也成为一种常见的主食，加上之前的"五谷"，称为"六谷"。

稻，就是水稻，去壳后叫大米；粱，去壳后就是我们吃的小米；菽，是豆类的总称；麦，一般指小麦，脱皮去壳后，可磨成面粉；黍，是一种黏性比较大的黄米；稷，是一种硬性比较大的黄米。

在古代，当时的农作物一定不仅仅是这几种，也有"九谷"和"百谷"的说法。现在所谓的"五谷"，实际是粮食作物的总称，或者泛指粮食作物。

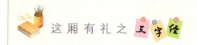

mǎ niú yáng　　jī quǎn shǐ

马 牛 羊，鸡 犬 豕。

猪

cǐ liù chù　　rén suǒ sì

此 六 畜，人 所 饲。

人类驯养的牲畜　　　　　　饲养

释 义

　　马、牛、羊、鸡、狗、猪，这六种牲畜，是人们饲养的。

思 考

1. 这六种家畜你认识几种？

2. 这六种家畜你最喜欢哪种？

3. 你知道它们除了可以食用，还有什么用途？

讲故事懂道理

六畜是指马牛羊鸡狗猪，至于人们为何开始圈养家畜，还要追溯到远古时代。很久很久以前，人们吃的食物，都是在水里捕，或者到山里去打猎。如果打猎回来的猎物吃不完，人们就会先圈养起来，等需要的时候再宰杀，这样在打不到猎物的时候也有食物可以吃。后来人们发现，被饲养的动物的肉，吃起来更嫩，更鲜美，于是就开始把打到的猎物饲养起来，让它们繁衍后代。

由于长期的圈养，这些动物野生时候的尖牙利齿都渐渐退化。除了供人们食用，这些牲畜还在人们的生活、生产中发挥重要的作用，如马能拉车，牛能耕田，羊能为人们提供皮毛，鸡能报时，狗能看家等等。

yuē xǐ nù，yuē āi jù。
曰 喜 怒，曰 哀 惧。
高兴，快乐 生气　　悲伤 害怕

ài wù yù，qī qíng jù。
爱 恶 欲，七 情 具。
　　贪欲　　情绪 天生具有

释 义

　　高兴、生气、悲伤、害怕、喜爱、厌恶、贪欲，这七种情绪是人们天生就有的。

思 考

1. 你今天的心情怎么样？有没有乱发脾气？

2. 当你看到自己很厌恶的东西时，心情会怎样？看到你喜欢的东西呢？你能很好地控制自己的情绪吗？

3. 你有没有因为不能控制自己的情绪而说出伤害别人的话呢？

喜、怒、哀、惧、爱、恶、欲，这七种情绪是人们生来就有的。人具有情绪很正常，重要的是怎样很好地处理它。我们从小要心胸开阔，乐于助人，团结互助，让自己成为一个具有良好心态和高尚情操的好孩子。

有一个男孩动不动就乱发脾气。有一天，他的爸爸就给了他一袋钉子，告诉他，每当他想发脾气的时候就钉一颗钉子在后院的篱笆上。第一天，这个男孩钉下

了 37 根钉子。慢慢地以后每天钉下的钉子数量越来越少了。他发现控制自己的脾气要比钉下那些钉子容易得多。

终于有一天这个男孩一整天也没有钉下一颗钉子，他告诉他的父亲这件事，父亲告诉他，现在开始每当他能控制自己的脾气的时候，就拔出一颗钉子。一天天地过去了，最后男孩告诉他的父亲，他终于把所有钉子都拔出来了。

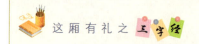
这厢有礼之 三字经

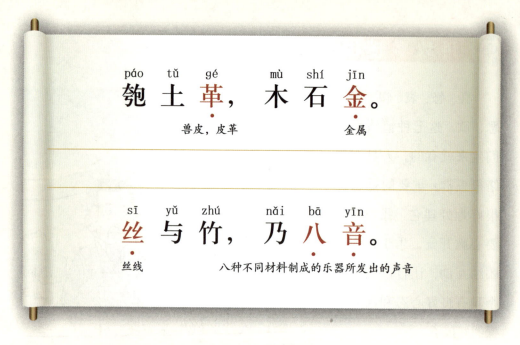

páo tǔ gé   mù shí jīn
匏 土 革，木 石 金。
兽皮，皮革   金属

sī yǔ zhú   nǎi bā yīn
丝 与 竹，乃 八 音。
丝线   八种不同材料制成的乐器所发出的声音

释 义

　　匏瓜、黏土、皮革、木块、石块、金属、丝线与竹子，是古人制作乐器的材料，而这八种不同材料做成的乐器所发出的声音，称为"八音"。

思 考

1. 你知道哪些乐器？你知道它们是什么材质的吗？

2. 你最喜欢什么中国乐器，请你说一说它哪些地方吸引你？

3. 你能分辨出哪些乐器的声音，你能听出这些乐器演奏的曲子所表达的意思吗？

瑟是我国最古老的乐器之一，相传它是上古时期庖牺氏制作的，长八尺一寸，宽一尺八寸，有五十根弦。瑟弹奏起来声音铿锵嘹亮，比古琴还要响，因此很多人喜欢。关于瑟这种乐器，还有一个小典故呢。

相传黄帝有个侍女叫素女。素女擅长音乐，尤其擅长弹瑟。每每为黄帝弹奏的时候，黄帝都觉得不胜悲伤。于是黄帝派人将庖牺氏的瑟进行了改造，

把瑟从五十根弦减少到二十五根。从此，素女再为黄帝弹奏的时候，黄帝就觉得音调没有原来那么悲伤了。从此，瑟这种乐器的弦也就由五十根变成二十五根了。

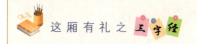

gāo zēng zǔ　fù ér shēn　shēn ér zǐ　zǐ ér sūn
高 曾 祖，父 而 身。 身 而 子，子 而 孙。
高祖父 曾祖父 祖父　之后 自己　　儿子　　孙子

zì zǐ sūn　zhì xuán zēng　nǎi jiǔ zú　rén zhī lún
自 子 孙，至 玄 曾。 乃 九 族，人 之 伦。
从　　　到 玄孙 曾孙　　　　　　常理

释 义

　　高祖父生曾祖父，曾祖父生祖父，祖父生父亲，父亲之后是自己，自己之后是儿子，儿子之后是孙子，从儿子、孙子再往下推到曾孙、玄孙，这九代人就称为九族，而九族就是人与人的长幼尊卑的常理。

思 考

1. 你家有家谱吗？你是什么字辈？
2. 现在你知道对祖父的父亲、祖父的祖父是怎样称呼的吗？
3. 你知道株连九族的刑罚吗？

我国自古以来重视伦理，讲究长幼有序。以起名为例，据孔子家谱记载，孔孟后人取名，在明朝正式定出行辈：明初朱元璋赐孔氏八个辈字，供起名用；后因55代孔希学及56代孔讷言先后继承封号"衍圣公"，就把"希"和"言"也加上去为十个字，即：希、言、公、彦、承、弘、闻、贞、尚、胤（清代为避讳皇帝的名字，把"弘"改为"宏"，"胤"改为"衍"）。明崇祯年间，又加上十个字：

"兴毓传继广，昭宪庆繁祥"；到清乾隆九年再添十字："令德维垂佑，钦绍念显扬"；1919年再添二十字："建道敦安定，懋修肇彝常，裕文焕景瑞，永锡世绪昌"。

到现在为止，已知最小的一辈是"钦"字辈。因此，不少孔孟后人从名字上就能看出来辈分大小。以前，孔子家谱非常繁杂，这个取字方法比先前大大简化，又经皇帝提倡，使得中国其他大家族谱系的也开始效仿这种方法。

fù zǐ ēn， fū fù cóng。
父 子 恩，夫 妇 从。
　　恩情　　　　　　　和睦

xiōng zé yǒu， dì zé gōng。
兄 则 友，弟 则 恭。
　应该 友爱　　　　　　恭敬

释 义

　　父母要爱护孩子，孩子要孝顺父母，夫妻相处要和睦，哥哥姐姐应该友爱弟弟妹妹，弟弟妹妹应该尊敬哥哥姐姐。

思 考

1. 你在家时孝顺父母吗？你觉得怎样做才是孝顺父母？

2. 你有兄弟姐妹吗？你是怎样与他们相处的？你们关系融洽吗？

3. 如果你有一个弟弟或妹妹，在他（她）需要帮助的时候，你会毫不犹豫地去帮助他（她）吗？

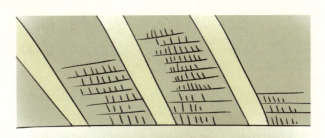

父慈子孝，夫义妻顺，兄友弟恭，方显示出家庭生活的美好。南怀瑾说：中国人谈"孝"字，"父慈子孝"是相对的，父亲对儿子付出了慈爱，儿子回过头来爱父亲就是孝。"兄友弟恭"，哥哥对弟弟好，弟弟自然爱哥哥。

汉朝时候，有一对兄弟，哥哥叫赵孝，弟弟叫赵礼。有一年遇到饥荒，一伙强盗进村劫掠。几个强盗来到孝、礼兄弟家，他们把家里值钱的东西都

抢光了，就是找不到吃的东西，饿了很久的强盗一见长得白白胖胖的赵礼，便决定吃掉赵礼。赵孝见此情景，连忙跑到强盗面前恳求强盗不要吃他弟弟，让强盗吃自己。强盗被他们兄弟间的情意所感动，就把他俩放了。这就是赵孝争死的故事。

这件事最后被皇帝知道了，便下了诏书，将此事昭示天下，褒奖赵氏兄弟以德感化强盗的善行义举。

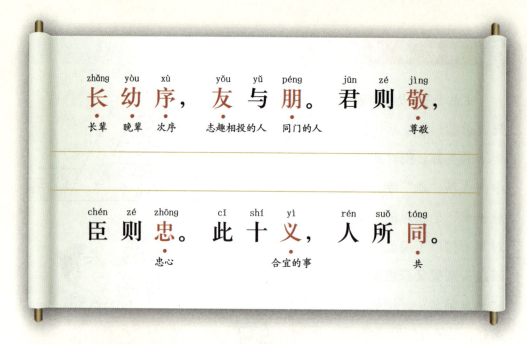

zhǎng yòu xù　yǒu yǔ péng。　jūn zé jìng，
长 幼 序， 友 与 朋。 君 则 敬，
长辈 晚辈 次序　志趣相投的人 同门的人　　尊敬

chén zé zhōng。　cǐ shí yì，　rén suǒ tóng。
臣 则 忠。 此 十 义， 人 所 同。
忠心　　合宜的事　　共

释 义

十义：君敬、臣忠、父慈、子孝、夫和、妻顺、兄友、弟恭、朋信、友义。长辈和晚辈之间的相处，要有长幼尊卑的次序，志趣相投的人和同门的人之间要有道义和诚信；君主对待臣子应该尊敬；臣子对君主应该忠心。这些合宜的事情，是人们应该共同遵守的，千万不能违背。

思 考

1. 你对朋友讲诚信吗？你有没有很讲信义的朋友？

2. 你觉得怎样做才是对朋友讲信义？

3. 你觉得这"十义"中哪些东西过时了？还是都需要遵守？

君臣之间，如果君主能尊重他的臣子，臣子们就会对他忠心耿耿。君臣相处最为后人所称赞的，就是三国时期的刘备和诸葛亮。

东汉末年刘备听说住在隆中的诸葛亮很有才能，就带着礼物请他出山辅佐自己打天下。第一次去的时候，恰巧诸葛亮不在。又过了几天，刘备又带着关羽、张飞，冒着大雪去拜访诸葛亮，诸葛亮恰巧又出去了。又过了一段时

间，刘备焚香沐浴，斋戒三天，准备再去请诸葛亮。关羽觉得诸葛亮只是徒有虚名，并没有什么真才实学，就不肯再去了。刘备把他责备一番，就又带着他们俩第三次拜访诸葛亮。他们到诸葛亮家的时候，诸葛亮正在午睡，刘备不敢惊扰他，就在一旁站着等他醒来。诸葛亮终于被刘备的诚心感动，答应出山帮他。诸葛亮初出茅庐，就帮刘备打了好多胜仗，为三分天下奠定了基础。

fán　xùn　méng　　xū　jiǎng　jiū
凡 训 蒙， 须 讲 究。
凡是　教导　刚接受教育的孩子

xiáng　xùn　gǔ　　míng　jù　dòu
详 训 诂， 明 句 读。
　　　研究每个字的意思　　　　　断句

释 义

　　教导刚开始接受教育的孩子，一定要注重方法。必须把每个字都讲清楚，每句话都要解释明白，还要让学童懂得如何断句。

思 考

1. 你是怎样理解这句话的？你觉得古人为什么会这样说？

2. 你在写作文的时候能标对标点符号吗？

3. 说一说有哪些标点符号，它们该怎么用？

我国的古书大多是没有标点符号的，这对于古时初学的孩子来说是很大的挑战，如果读书的时候断句断错了，意思可能就不一样了，甚至是完全相反的。

从前，有个人去拜访朋友，可就在他准备离开朋友家的时候，突然下起了大雨。主人就在纸上写：下雨天留客天留我不留。主人的意思是：下雨天留客，天留我不留。很明显是想让客人回家。而客人看的时候却恰恰理解成：下雨天，留客天，留我不？留。主人知道了，一定会是😓（流汗）。

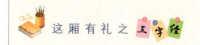

wéi xué zhě， bì yǒu chū

为 学 者， 必 有 初。

做　　　　　　　　开始

xiǎo xué zhōng， zhì sì shū

小 学 终， 至 四 书。

研究字形、字音、字义的书　　指《论语》《大学》《中庸》
《孟子》这四本书

释 义

　　做学问的人，一定要有一个好的开始，先要学习介绍字形、字音、字义的《小学》，之后还要学习《论语》《大学》《中庸》《孟子》这四本书。

思 考

1. 你觉得学习为什么要"小学终，至四书"？

2. 你在写字的时候有没有马马虎虎应付了事？学完这句话后，你会怎么做？

3. 你觉得在学习的过程中，什么比较重要？

讲故事懂道理

古代的小学教育主要是对孩子进行启蒙教育，不仅学习训诂和句读，也要学习算术等基本知识，只有将最基础的知识融会贯通了，才能去研究更加深刻的学问。从古至今，中国人都认为一个人字写得好不好，是和这个人的品德修养相关的。正所谓，心正字则正，心不正字则不正。

《小学》一书的作者即为宋朝著名的儒学家朱熹。他小时候在一个叫"半亩方塘"的地方读书，半亩方塘这个地方花红柳绿，景色宜人。一天，桃花盛开，而朱熹正在窗前抄写唐诗《赠汪伦》。诗中有一句：桃花潭水深千尺，不及汪伦送我情。朱熹想：外面桃花开得正盛，与其在这里写桃花，还不如去外面看桃花。于是，着急出去赏桃花的朱熹，一不小心将"桃"字写成了"挑"字，他自己也没有检查，就拿着抄好的诗让父亲帮忙检查。父亲看到这处错误，就指给朱熹说："心正字则正，心不正字则不正。"

朱熹听到父亲的批评后非常羞愧，就重新抄 1000 遍"桃"字，然后把写得工工整整的字拿给父亲看。

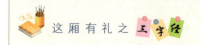
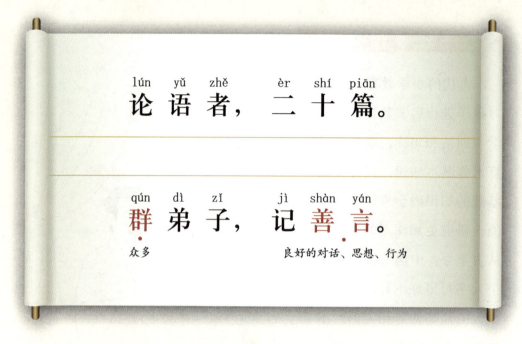

lún yǔ zhě　　èr shí piān

论 语 者， 二 十 篇。

qún dì zǐ　　jì shàn yán

群 弟 子， 记 善 言。

众多　　　　　　　良好的对话、思想、行为

释 义

　　《论语》这本书一共有二十篇，是孔子众多的学生、以及孔子学生的学生，记载孔子言论和孔子与学生之间通过对话及行为描述表达其思想理念的书。

思 考

1. 你还知道孔子其他的故事吗？

2. 孔子有弟子三千，其中 72 位很著名，去了解一下孔子弟子的故事吧。

3. 你觉得《论语》为什么会对我国产生两千多年的影响？你觉得这个影响还会一直持续下去吗？

《论语》是儒家学派的经典著作之一，成书于战国初期。它以语录体和对话文体为主，记录了名列世界十大历史名人之首的中国古代思想家孔子及其弟子的言行。《论语》通行本共二十篇，由孔子的弟子及其再传弟子编纂而成，集中体现了孔子的政治主张、伦理思想、道德观念及教育原则等。与《大学》《中庸》《孟子》及《诗经》《尚书》《礼记》《易经》《春秋》合称"四书五经"。

　　孔子是我国古代著名的教育家，被后世尊为至圣先师。孔子主张因材施教，对不同的人采取不同的教育方法，在教育实践中取得了丰富的经验。

　　子路问孔子："有一个很好的主张，是不是马上就去实施呢？"孔子说："你应该先向比你阅历更深的人请教，看看他们是不是有更好的主意。"

　　冉有也问孔子同样的问题，孔子却答道："有了好的主张，当然要马上实施。"

　　公西华看见同样的问题，孔子的答复却不同，很不解，就去问孔子，孔子说："子路做事轻率，要他多听取他人意见；冉有遇事优柔寡断，要鼓励他勇敢。"这就是因材施教。孔老师果然是大家！

mèng zǐ zhě   qī piān zhǐ

孟子者，七篇止。

停止，结束

jiǎng dào dé   shuō rén yì

讲道德，说仁义。

释义

　　《孟子》这本书，到第七篇就结束了。书的内容是有关道理与德行，宣扬仁爱等优良品格的言论。

思考

1. 孟子也是著名的教育家，他主张"易子而教"。去了解一下吧。

2. 《孟子》这部书主要宣扬什么样的观点？

3. 你知道孟子和孔子的关系吗？

孟子，名轲，字子舆，中国古代著名的思想家，战国时期儒家的代表人物。《孟子》是儒家学派的经典之一，一共七篇，表达了孟子的治国主张和政治策略。孟子继承了孔子学说，主张仁义、道德、性善论。

孟子的远祖是鲁国的贵族孟孙氏，后来因为家道衰微，所以从鲁国迁居到了邹国。孟子三岁丧父，母亲独自一人将其抚养成人。孟子学有所成之后，曾周游列国，游说于诸侯之间，宣扬自己的"仁政"和"王道"思想。但是由于当时诸侯各国都忙于战争，因此几乎没有人采纳他的治国思想，孟子最后只好退隐著述、讲学。

孟子把道德规范概括为四种，即仁、义、礼、智，并提出了一套完整的思想体系。孟子认为仁、义最重要，而仁、义的基础是孝、悌，而孝、悌是处理父子和兄弟血缘关系的基本道德规范。孟子的思想对后世影响很大，被后人尊奉为"亚圣"。

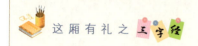

作 中 庸， 子 思 笔。

zuò zhōng yōng　　zǐ sī bǐ

写　不偏不倚　平常

中 不 偏， 庸 不 易。

zhōng bù piān　　yōng bú yì

改变

释　义

写《中庸》的人，是子思。《中庸》中的"中"是要人们做人做事不偏不倚，"庸"是要保持平常心。

思　考

1. 如果你的好朋友做错事，你会怎么办呢？

2. 你觉得下文中的官员是不是拍马屁太过了，这说明了怎样的一个道理？

3. 你有没有做一件事情太过热情却适得其反？

中庸不是一半一半，不是平均分配；中庸是凡事有度，讲求"合适、刚刚好"，如果对一件事过分追求，可能会得到相反的效果。

南宋的秦桧，建了一座名为"一得阁"的私人密室。有一位官员想要拍秦桧的马屁，就送了一卷地毯，尺寸大小竟与密室完全相同。狡猾的秦桧心想：他能知道我的密室尺寸大小，我的其他秘密可能也被他知道了。没过多

久，送地毯的人就被秦桧找借口杀掉了。

秦桧阴险、狡猾自不必说，这个送地毯的人聪明反被聪明误，更是因为他心术不正只为追求权力，却看不清秦桧的为人。

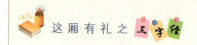
zuò dà xué　　nǎi zēng zǐ

作大学，乃曾子。

zì xiū qí　　zhì píng zhì

自修齐，至平治。

从　修身，齐家　　到　治国，平天下

释义

写《大学》的人是曾子，从修身、齐家开始，到治国、平天下结束。

思考

1. 你知道关于曾子的哪些故事，请你说一说。

2. 你知道《大学》的主要内容是什么吗？

3. 知道了"四书"的主题思想和曾子的行为，你觉得你该如何修养自己？

《大学》这本书的作者是曾参，他提出了"修身、齐家、治国、平天下"的主张。曾参，字子舆，春秋时期鲁国人，是孔子最得意的弟子之一，世称"曾子"。

曾子认为只有修养好自身的品德，达到至善至美的德行，才能整治好家庭；懂得了齐家之道后，才能拥有治国的长远眼光；将一个国家治理得井井有条，才能谈及平定天下的事情。这就是"一屋不扫何以扫天下"的道理，提高自身品德才是根本，如果不以修养自身品德为基础，却妄想做到齐家治国平天下，那是不可能的。因此《大学》一开篇，就阐明了三个纲领：在明明德，在亲民，在止于至善。意思是说，《大学》教给人的道理，在于彰显每个人自身具有的光明正大的德性，再推己及人，让每个人都去除污染而自新，进而做到并保持最完美的程度。

xiào jīng tōng　sì shū shú
孝经通，四书熟。
彻底明白　　　熟悉

rú liù jīng　shǐ kě dú
如六经，始可读。
像　指《诗》《书》《易》　开始
《礼》《乐》和《春
秋》这六本经书

释　义

　　明白了《孝经》中的道理，"四书"也读熟了，才可以读像《诗》《书》
《易》《礼》《乐》和《春秋》这样深奥的书。

思　考

1. 你觉得这个故事是真的吗？怎么看二十四孝？

2. 你平时是怎样孝敬父母的？

3. 你觉得古人有哪些好的品德值得我们学习？

《孝经》是我国古代儒家的经典伦理学著作，纪晓岚在《四库全书总目》中指出，该书是"孔子七十子之徒之遗言"，成书于秦汉之际。

《孝经》共有18章，以"孝"为中心，通过孔子与门人曾参的谈话，对孝的价值、意义、作用等问题进行了集中的阐述，它肯定了"孝"是上天所定的规范，指出国君可以用"孝"来治理国家，臣民也应当用"孝"来立身理家。

三国时期，有一个名叫孟宗的孝子，他从小就没有父亲，和母亲相依为命。长大后，母亲年迈多病，不管母亲想吃什么，他都想方设法满足她。有一次，在风雨交加的冬天，母亲想喝用竹笋熬的汤。这可把孟宗难坏了，外面全是冰雪，哪里会有竹笋？他想不出什么好办法，就跑到竹林里痛哭。哭了半天，觉得周围都很热，他睁眼一看，冰雪都融化了，草木都转青了。再仔细看看，周围长出了很多竹笋。母亲吃了竹笋以后，病就好了。

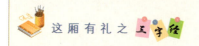

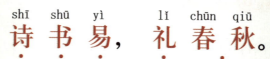

shī shū yì　　lǐ chūn qiū
诗 书 易，礼 春 秋。

《诗经》《尚书》《周易》　《礼记》　春秋时期鲁国史官按四季记录的鲁
国大事纪，孔子加以整理修订成为
第一部编年体史书，名叫《春秋》

hào liù jīng　　dāng jiǎng qiú
号 六 经，当 讲 求。

号称　　　　　　　　研究　探求，探索

释 义

　　《诗经》《尚书》《周易》《礼记》《春秋》，再加上《乐经》，称为"六经"，这是中国古代儒家的重要经典，应该要好好地研究，探求其中的道理。

思 考

1. 你读过经书吗？是谁让你读的？

2. 你知道"六经"里各本经书的主要内容吗？

3. 你觉得今天读经有意义吗？为什么？

"六经"是六部儒学经典，分别是《诗经》《尚书》《礼记》《乐经》《周易》和《春秋》。《乐经》在流传中失传，所以我们经常说"五经"。

《庄子·天下》篇这样概括六经："《诗》以道志(表达思想感情)，《书》以道事（记述政事），《礼》以道行（规范行为举止），《乐》以道和（传递和谐的音律），《易》以道阴阳(阐明阴阳的奥秘)，《春秋》以道名分（讲述名分的尊卑与序列）。"

古人认为，熟读六经，可以使人气质温厚，通达事理，举止端庄，聪慧爱人。今天越来越多的人特别是孩子加入读经的队伍，这些经典中饱含古人的智慧与修养，通过读经，可以提高孩子的文化修养与道德品质；而且，读经的过程，也是入静的过程，让孩子慢慢养成良好的学习习惯，对其一生的成长，都会有深远的影响。

yǒu lián shān   yǒu guī cáng
有 连 山， 有 归 藏。

夏代易学，以艮
卦开始。已失传

殷商易学，以
坤卦开始

yǒu zhōu yì   sān yì xiáng
有 周 易， 三 易 详。

与"卦"有关的书籍

 释 义

　　《连山》《归藏》《周易》这三本书并称为占卜的三易之法，它是用"卦"来说明宇宙万事万物变化的道理。

思 考

1. 你卜过卦吗？你觉得卜卦是迷信还是科学？

2. 你知道八卦和六十四卦吗？它们有什么不同？

3. 很长一段时间，"三易"中只有《周易》流传于世，直到 1993 年 3 月，湖北江陵王家台 15 号秦墓中出土了《归藏》。查一查关于它的资料，说一说它们是不是很神奇的书。

《易经》被称为"群经之首，大道之源"，在古代是当皇帝、做官必须学的内容。"不知易，不可为良相。"关于"三易"，历史上还有一段故事，同时也是"焚书坑儒"的另一个版本：

秦始皇一心想着长生不老，希望能找到这样的一种药。一天，他问丞相李斯，去哪里可以寻到长生不老的药。李斯想起小时候周游天下，在陈国遇到一个算卦的卦师，这个卦师说他有将相之命，李斯就回到家开始发愤读书。后来，果然当上了秦朝的宰相。李斯告诉秦始皇以后，秦始皇第二天就去了陈国。

秦始皇来到太昊伏羲画卦台，知道了《易经》、八卦的厉害后，转念一想，如果天下人都知道八卦，自己能不能长生不老还是一说，恐怕以后就没有好日子过了。就这样，秦始皇下令将民间的《易经》一律焚毁，就连《尚书》、诸子百家这样的著作也烧了。孔子的八世孙孔鲋就将《论语》《尚书》《礼记》《春秋》《孝经》等书藏于孔子故宅的墙壁中，这些书才幸免于难，并得以流传下来。

yǒu diǎn mó   yǒu xùn gào

有 典 谟， 有 训 诰。

帝王受命文书 大臣奏章等　　 大臣劝谏　君王所发
　　　　　　　　　　　　 君王的话　布的号令

yǒu shì mìng   shū zhī ào

有 誓 命， 书 之 奥。

书经，指《尚书》　奥妙的道理

 **释 义**

　　典、谟、训、诰、誓、命，这是《尚书》内容的六个部分，是《尚书》的精华奥妙所在。

思 考

1. 你听说过《尚书》吗？鲁恭王在扩建自己的宫殿拆孔子的旧宅时，在墙壁里发现了若干"古文"，便不敢再拆房子。古代帝王尚且如此，对于古籍，你应该怎么做？

2. 《尚书》是研究上古礼制的重要著作，你对《尚书》有什么认识？

3. 你听说过焚书坑儒吗？你有什么看法？

《尚书》记载了我国上古时期的事，是我国最早的政治文件的汇编。包括记录帝王受命的文书"典"，记录大臣对君王提供各种策略的文章"谟"，记录臣子对君王规劝的话"训"，君王向天下发布的号令"诰"，记录要以天命出师讨伐时所说的话"誓"，记录君王对臣子所下的命令"命"等六种类型。

儒家所传的五经中，《尚书》残缺最多。秦始皇下诏烧诗书的时候，一个叫作伏胜的博士将一本《尚书》藏在自家墙缝里。等到汉高祖刘邦平定天下，他检查所藏的书只剩下 28 篇了。他就用这残存的《尚书》在乡里教学、传播，使其流传，这就是东汉以来所谓的《今文尚书》。

汉景帝时，鲁恭王为了扩展自己的宫殿，拆毁了孔子的旧宅，结果在墙壁里发现古文数十篇，其中就有《尚书》。恭王肃然起敬，不敢再拆房子，并且将这些书交还给孔子的后人孔安国。孔安国对这些书进行了整理，这一版后来被称作《古文尚书》。汉武帝时，孔安国将这部书献上去。因为语言和字体的两重困难，一时竟无人能通读，所以就一直放在皇家图书馆里。

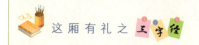

wǒ zhōu gōng   zuò zhōu lǐ
我 周 公， 作 周 礼。

姓姬，名旦，周文王的第四个儿子

zhù liù guān   cún zhì tǐ
著 六 官， 存 治 体。

撰写，记载　　周朝的六种官制　　存在　治理国家的制度

释 义

周公写了《周礼》这部书，记载了周朝的六种官制和治理国家的制度。

思 考

1. 你见过斯斯文文的人整天和别人打架吗？

2. 《周礼》中对不同的官制所负责的事情都有记载，你说一说各司其职的重要性。

3. 你知道"周公吐哺，天下归心"的故事吗？

周公（约公元前1100年），姓姬名旦，亦称叔旦，是周文王姬昌的第四子，周武王姬发之弟。因封地在周（今陕西宝鸡北），故称周公或周公旦。他是西周初杰出的思想家、政治家、军事家和教育家，被尊为"元圣"，是儒学奠基人，也是孔子一生最崇敬的古代圣人之一。

周武王死后，年幼的成王继位，姬旦辅佐成王，并代为处理政务。武王的另外两个弟弟管叔和蔡叔心中不服，他们散布流言蜚语，说周公有野心，有可能谋害成王，篡夺王位。周公闻言，便对太公望和召公说："我所以不顾个人得失而承担摄政重任，是怕天下不稳。如果江山变乱，生灵涂炭，我怎么能对得起列祖列宗和武王对我的重托呢？"相传他推行井田，制礼作乐，建立典章制度，主张"明德慎罚"。后世的许多礼制，都是延袭了周公所定的礼制。他的言论在《尚书》中有记载。

大 小 戴，注 礼 记。
dà xiǎo dài zhù lǐ jì

西汉学者戴德与戴圣　　解释

述 圣 言，礼 乐 备。
shù shèng yán lǐ yuè bèi

简述　指圣贤的著作　　　完备

释 义

戴德与戴圣整理并注释了《礼记》，简述了圣贤的著作，使后人对古代的礼乐制度知道得更全面。

思 考

1. 你在日常生活中是不是很有礼貌？你觉得怎样做才是一个懂礼貌的好孩子？

2. 你知道哪些古人的礼节？

3. 你是不是知道上课、吃饭、与别人交谈的礼节呢？你做到了哪些？看一看《弟子规》吧。

《礼记》是中国古代一部重要的典章制度书籍，是战国至秦汉年间儒家学者解释说明经书《仪礼》的文章选集，是儒家思想的资料汇编。《礼记》的主要内容是记载和论述先秦的礼制，解释仪礼，记录孔子和弟子等人的问答，记述修身做人的准则。其内容广博，涉及政治、法律、道德、祭祀、文艺、历法等诸多方面，集中体现了先秦儒家的政治、哲学和伦理思想，是研究先秦社会的重要资料。

我国是礼仪之邦，自古以来都十分注重礼乐。孔子曾说："不学礼无以立。"孔子的言谈举止都非常守礼：颜色不好、有臭味、烹调不当、切割不正、没有用对配料的食物都不吃，不是适当的时候也不吃；如果座位不正，孔子不坐；吃和睡的时候都不说话，不仰天挺着身子睡觉；祭祀时，即使祭品非常简单，态度也要非常庄严尊重；在马车上，不大声说话，更不会用手指东西。

yuē guó fēng, yuē yǎ sòng
曰 国 风, 曰 雅 颂。

诸侯所封的国家　民俗歌谣　　大雅、小雅　周颂、鲁颂、商颂

hào sì shī dāng fěng yǒng
号 四 诗, 当 讽 咏。

号称，被称为　　　　　　　朗诵、吟唱

释 义

　　话说《诗经》中的《国风》、《大雅》、《小雅》、《颂》，号称"四诗"，应当常常朗诵。

思 考

1. 你听说过《诗经》吗？

2. 你对《诗经》的了解有多少呢？有没有会背的句子？

3. 在古代，《诗经》是用来吟唱的，你读的时候是不是觉得朗朗上口？

《诗经》对我国的文学史、政治、语言甚至思想都有着非常深远的影响。它开启了中国数千年来文学的先河。

陈亢是孔子的弟子，有一次，陈亢问孔子的儿子伯鱼："你从老师那里得到了什么特别的教导吗？"伯鱼回答说："没有。有一次，父亲独自站在庭院，我快步走过，他问我：学《诗》了吗？我回答说：没有。他说：不学《诗》，就不会说话。于是我就去

学《诗》。又有一天，他独自站在庭院，我快步走过，他问我：学《礼》了吗？我回答：没有。他说：不学《礼》就不能立身。于是，我就去学《礼》。"

陈亢高兴地说："我问一个问题，却获得了三个方面的收获：既听到了关于《诗》的道理，又听到了关于《礼》的道理，还知道了君子不会只偏爱自己的儿子。"

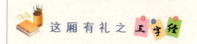
这厢有礼之 三字经

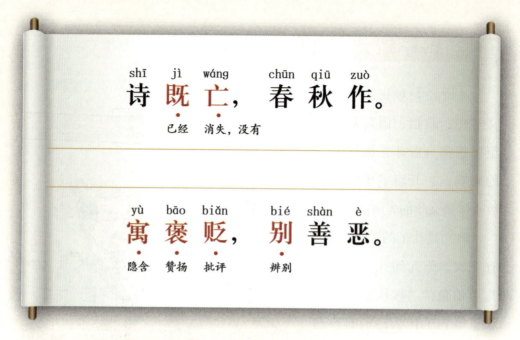

shī jì wáng　　chūn qiū zuò
诗 既 亡，春 秋 作。
已经 消失，没有

yù bāo biǎn　　bié shàn è
寓 褒 贬，别 善 恶。
隐含 赞扬 批评　辨别

释 义

随着周王朝的衰落，作为文学作品的《诗经》，也渐渐被冷落，《诗经》所传达的精神逐渐消失，于是孔子就写了《春秋》这部书。《春秋》中隐含着对现实政治的褒贬以及对各国行为的甄别，让人们能够辨别善恶。

思 考

1. 你觉得什么是善？什么是恶？

2. 让爸爸妈妈给你讲讲《春秋》中的故事吧。

3. 在混乱的社会里，有人端正风气，你觉得是不是件好事？为什么？

周朝衰落，平王东迁，人人追逐权力，礼崩乐坏。孔子感到非常痛心，整理、修改了行王道的史书《春秋》。这部著作记载了从鲁隐公元年（公元前722年）到鲁哀公十四年（公元前481年）共242年的历史，后人因此将这一历史阶段称为春秋时期，基本上是东周的前半期。《春秋》是中国现存最早的一部编年体史书。

孔子写《春秋》，对历史人物和事件往往寓有褒贬而不直言，用词遣句"字字针砭"，处处"微言大义"，实际上是借以表达自己的政治观点和他对社会现实问题的见解，寄托他的社会理想。这种独特的文风，被历代史家奉为经典，称之为"春秋笔法"。《春秋》在叙事中，体现出褒贬善恶的基本原则，其颂扬的"成仁取义"的志士，让"乱臣贼子"为之却步。

sān zhuàn zhě　　yǒu gōng yáng

三 传 者， 有 公 羊。

解释经书的书　　　　　公羊高所做的《春秋公羊传》

yǒu zuǒ shì　　yǒu gǔ liáng

有 左 氏， 有 谷 梁。

左丘明所做的《春秋左氏传》　　谷梁子所做《春秋谷梁传》

 **释 义**

有三部解释《春秋》的书，它们是《公羊传》《左传》和《谷梁传》。

思 考

1. 读书或读故事时，知道故事的前因、后果，是不是更容易读懂呢？

2. 你知道什么有关"春秋大义"的故事吗？

3. 要读懂《春秋》，一定要详读三传。你读书有不懂的地方时，应该怎么做？

因为孔子编撰的《春秋》经文言简意深，采取春秋笔法，很多言论或因避讳没有说出来。后人在阅读时，好多地方都不明白，于是就出现了专门解释《春秋》的"传"，其中，左丘明写的《左传》、公羊高写的《公羊传》和谷梁赤写的《谷梁传》这三本书解释得较好，得以流传下来，并称"春秋三传"。

左丘明是鲁国的贤人，和孔子同时代，他用编年纪事的方法，详细地说明《春秋》中的史实事件。三本传书中，又以《左传》的内容最为丰富、详尽，文笔最为精彩，最受后人的推崇。

《公羊传》是孔子弟子子夏传给齐国的公羊高，高再传其子，子孙口耳相传，到汉景帝时，由高的玄孙公羊寿与齐人胡母生合写成书。《谷梁传》何时成书已无从考证，只知最初传承者是鲁国的谷梁子。

在古代中国，读书人必读十三经（即三传、四书、五经加《孝经》）。这些经典熟读之后，就可以学习诸子百家的思想了。

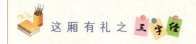

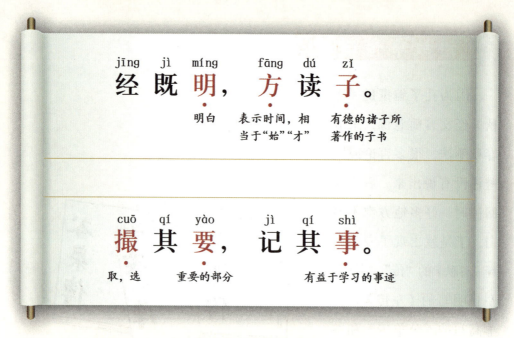

jīng jì míng   fāng dú zǐ

经 既 明， 方 读 子。

明白　　　表示时间，相　　有德的诸子所
　　　　　当于"始""才"　　著作的子书

cuō qí yào   jì qí shì

撮 其 要， 记 其 事。

取，选　　　重要的部分　　　　有益于学习的事迹

释 义

　　经书读明白了以后，才能读有德的诸子所著的子书。子书繁杂，需要选择子书中的重要部分来读，并铭记诸子那些有益于学习的事迹。

思 考

1. 战国时期一共有九大流派，你听说过几个？

2. 你听过与诸子相关的故事吗？如果没有，请查一查。

3. 有人说治国要用法家，有人说用儒家，你觉得呢？

春秋中期，学习知识从官学变成了私学，人们想要学习什么知识不需要再跟随官员，因此各种学派在民间开始得到广泛的传播。战国时期，社会动荡、战火纷飞，各国诸侯都争相进行变法改革。各个学派在这样一个波涛汹涌的背景下著书立说，广收门徒，指点江山，激扬文字，争奇斗艳，形成了思想领域"百家争鸣"的局面。

民国时期的国学大家章太炎先生认为，诸子百家中儒、道、墨、法、名这五家是最重要的，对后世的影响最深远。

儒家的创始人是孔子，理论核心是"仁、孝、礼、信"；道家的创始人是老子，提倡"无为而治"；墨家的创始人是墨子，主张"兼爱、非攻、尚贤"，代表人民的利益；法家的代表人物是韩非子，"以法为本"、"法不阿贵"，法家代表新兴地主阶级的利益；名家则以善辩著称，代表人物是惠子和公孙龙。

wǔ zǐ zhě　　yǒu xún yáng
五 子 者， 有 荀 扬。

wén zhōng zǐ　　jí lǎo zhuāng
文 中 子， 及 老 庄。

释 义

　　五子所著的书，是指荀子、扬子、文中子、老子以及庄子这五个人的著作。

思 考

1. 你知道五子的代表著作都宣扬了什么思想吗？

2. 你有什么新的思想？说说看，说不定你也可以成为一子呢。

荀子是儒学的继承者，是儒家学说的创新者，著有《荀子》。他融合自己"性恶论"的观点，发展出后世的法家学派。

扬子，即扬雄，学者，他自幼博览群书，是继司马相如之后西汉最著名的辞赋家，写有《太玄》《法言》等著作。

文中子则指隋唐时期的王通，是著名教育家、思想家。他续述《六经》，聚徒讲学，重振孔学，为儒学在隋唐之际的恢复与发展做了充分的思想和舆论准备。

性本善？
性本恶？

"世界文化名人"老子，即老聃，是我国最伟大的哲学家和思想家之一，被道教尊为教祖，老子的思想主张是"无为"。所著《老子》（即《道德经》）以"道"解释宇宙万物的演变。

庄子姓庄，名周，战国时期伟大的思想家和哲学家、文学家，道家学说的主要创始人之一，老子学说的继承和发展者。庄子的代表作《庄子》，又被称为《南华经》，除了其哲学意义，其想象奇特，也是具有浓厚浪漫主义色彩的优美散文。后世将他和老子并称为"老庄"。他们的哲学思想体系，被思想学术界尊为"老庄哲学"。

jīng zǐ tōng， dú zhū shǐ

经 子 通， 读 诸 史。

通晓　　　　各种史书

kǎo shì xì， zhī zhōng shǐ

考 世 系， 知 终 始。

研究　世代帝王相传的脉统　朝代兴盛、衰亡的经过

释 义

　　经书和子书都通晓了以后，就可以读各种史书了。读史时要研究世代帝王相传的脉络，知道各个朝代兴盛、衰败的过程。

思 考

1. 你了解我国历史上有哪些朝代吗？
2. 唐朝是我国最辉煌的朝代之一，现在华人在国外聚居的地方仍被称为"唐人街"。唐朝的文化发展空前繁荣，为后人留下了很多传诵千年的诗篇。背诵一下你学过的唐诗吧。
3. 当别人反对批评你时，你能虚心接受别人的意见吗？

魏徵与李世民是封建社会中罕见的一对君臣：魏徵敢于直谏，多次拂太宗之意，而太宗竟能容忍魏徵"犯上"，所言多被采纳。因此，他们被称作理想的君臣。

有一次，唐太宗问魏徵："历史上的人君，为什么有的人明智，有的人昏庸？"

魏徵说："多听听各方面的意见，就明智；只听单方面的话，就昏庸。"他还举了历史上尧、舜和秦二世、梁武帝、隋炀帝等例子，说："治理天下的人君如果能够采纳下面的意见，那么下情就能上达，他的亲信要想蒙蔽也蒙蔽不了。"唐太宗连连点头说："你说得太好了！"

公元 643 年，直言敢谏的魏徵病逝，唐太宗很难过，他流着眼泪说："一个人用铜做镜子，可以照见衣帽是不是穿戴端正；用历史做镜子，可以看到国家兴亡的原因；用人作镜子，可以发现自己做得对不对。魏徵一死，我就少了一面好镜子。"

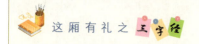

zì xī nóng, zhì huáng dì

自 羲 农， 至 黄 帝。

从 伏羲氏 神农氏 到

hào sān huáng, jū shàng shì

号 三 皇， 居 上 世。

处，在 上古时代

释 义

　　从伏羲氏、神农氏到黄帝轩辕氏，被称为"三皇"，他们所处的时期被称为上古时期。

思 考

1. 你听过关于三皇的神话和传说吗？

2. 他们为人类做了哪些贡献？

3. 你觉得他们当时的生活怎么样？

相传在遥远的西方，有三个大山洞。这三个山洞里关着各种毒虫异兽，由王母娘娘的三足鸟负责看管。一天，关在第三个山洞里的毒虫，趁三足鸟巡查的时候，偷偷打开了一扇洞门，所有的毒虫异兽全跑出来了。三足鸟想转身去关洞门，但是已经来不及了，所有的毒虫异兽都逃向了人间。

于是，瘟疫和疾病开始在人类世界发生、蔓延。神农氏想寻找一个办法，解除人们的病痛。他冥思苦想了三天三夜，终于想到了一个办法。第四天，他就出发了。四十九天后，他来到一个长满奇花异草的山谷。但是哪些花草是可以治病的，可以治什么病，却无从得知。为了拯救人类，他决定亲自品尝百草。他每天仔细观察植物的形状，品尝它们的味道，并认真记住这些花草的药性。由于许多花草都是有毒的，因此神农氏中毒达70次之多。

神农氏这种为人类牺牲的精神，使天帝大为感动，特别赐了他一条"神鞭"，这条"神鞭"可以依据草药的药性而显示不同的颜色。有了这条"神鞭"，神农氏再也不用冒着生命危险亲自尝试了，在采集草药上也有了事半功倍的效果。

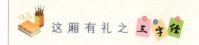
táng yǒu yú hào èr dì

唐 有 虞， 号 二 帝。

指尧帝，陶唐氏　舜帝，有虞氏

xiāng yī xùn chēng shèng shì

相 揖 逊， 称 盛 世。

互相　拱手行礼 让　　　　太平安康的世界

释 义

　　尧帝、舜帝号称二帝，他们用禅让的方式，把帝位让给贤能的人，他们在位时期，天下太平、安康。

思 考

1. 你知道这句话里的"相揖逊"是指哪种制度吗？

2. 如果你是君主，会不会把皇位让给贤能的人？

3. 你觉得尧能算得上是贤能的人吗？

　　尧舜帝是黄帝之后又一位德高望重的部落联盟首领，很受人们爱戴。他晚年的时候，想物色一个满意的继承人，于是有人向他推荐了年轻的舜。舜曾经种田捕鱼，还在黄河边做过陶器。由于舜德才超群，在他耕种过的地方，人们互相推让地界；在他捕过鱼的地方，人们不争抢有利的位置；在他制作陶器的地方，没有劣质的产品；而他所居住的地方，往往在一年之内就变成了

村落，两年之内就变成了城镇，三年之内就变成了城市。尧认为舜很合心意，就派他去管理生产，舜把所有的事情都处理得井井有条。尧又派舜去管理山川林泽，当时正赶上大雨滂沱，雨后虎豹横行，但是这也没有能够阻碍舜完成任务。于是尧非常满意，认为舜贤圣有德，就把部落联盟的大权交给了他，还把自己的两个女儿娥皇和女英也嫁给了他。这就是历史上有名的"尧舜禅让"的故事。舜做了部落首领以后，娥皇和女英协助他做了不少好事，许多民众都归附他，因而名留千古。

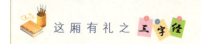

xià yǒu yǔ　　shāng yǒu tāng

夏 有 禹， 商 有 汤。

大禹，夏朝开国之君　　　商朝的开国之君，称商汤

zhōu wén wǔ　　chēng sān wáng

周 文 武， 称 三 王。

周朝的开国君主文王、武王父子　　有贤德又以仁政治理天下的人

释 义

　　夏朝的开国之君是禹，商朝的开国之君是汤，周朝的开国君主是文王、武王，他们才德兼备，被称为"三王"。

思 考

1. 你知道关于"三王"的传说吗？

2. 才德兼备的君主历来被人们称道，你知道哪些才德兼备的君主？

3. 禹、汤、文王、武王，是四个人，查资料说一说他们为什么被称为"三王"？

尧在位的时候，黄河水患非常严重，人们都深受其害。尧帝派鲧治水，可鲧只懂得水来土掩，而不去疏导，导致黄河的水患越来越严重。后来，舜派鲧的儿子禹去治水。禹总结父亲失败的原因，改用疏导的方法。禹为了治水，勤勤恳恳，废寝忘食，三次经过自己家的门口都没有进去。就这样经过十三年的努力，终于取得了成功，消除了中原河水泛滥的灾祸。舜看禹治水有功，又有才有德，就把帝位禅让给了他。

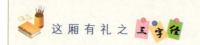
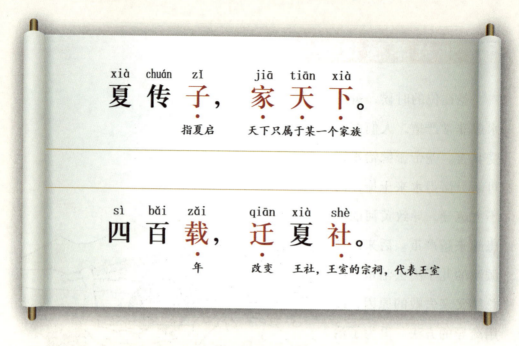

xià chuán zǐ, jiā tiān xià。
夏 传 子, 家 天 下。
指夏启　　天下只属于某一个家族

sì bǎi zǎi, qiān xià shè。
四 百 载, 迁 夏 社。
年　　改变　王社，王室的宗祠，代表王室

释 义

　　夏禹把王位传给自己的儿子，从此天下只专属于某个家族了。四百多年后，汤灭夏，结束了夏的统治。

思 考

1. 你知道夏朝的最后一个君主是谁吗？听说过他的残暴行为吗？

2. 通过这句话，说一说禅让制终结在哪个君主身上？

3. "家天下"一直延续到什么时候？

夏禹之前的尧与舜，都是传贤不传子。禹也想效法他们，于是决定把帝位让给伯益。但是，禹的儿子启也是一位贤才，深受人们的爱戴，于是人民便一致拥戴启为新的君王。谦虚的启认为既然父亲已经决定将王位传给伯益，自己就不该再和伯益争夺王位了，可是，在人民的热情拥戴之下，启只得顺应民心，接受了王位。启此后也将王位传给自己的儿子，从此一代一代传下去，开始确立了以父死子继的世袭制为核心的家天下王朝体制。

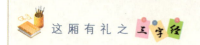
tāng fá xià　　guó hào shāng

汤 **伐** 夏， 国 号 商。

·讨伐

liù bǎi zǎi　　zhì zhòu wáng

六 百 载， 至 **纣** 亡。

纣王，商朝的最后一位帝王

释 义

　　商汤起兵讨伐并消灭了夏朝，改国号为商。经过六百多年到了纣王，商朝也灭亡了。

思 考

1. 你知道哪些关于纣王的故事与传说？

2. 你觉得他是怎样的一位君主？

3. 从夏、商、周的发展，你怎么看国家的兴替？

汤原来是夏朝的诸侯，因为夏桀荒淫无道，就起兵来讨伐他。夏桀战败，汤赢得胜利，随即建立了商朝。可是商朝传到第30代的时候，也出现了一个暴君，他就是商纣王。纣王整日胡作非为，不理朝政，他还大兴土木，建造了许多华丽的宫殿供自己玩乐。他还下令在池子里装满酒供自己享乐，把各种动物的肉割成一大块一大块地挂在树林里，这就是"酒池肉林"的由来。

由于商纣王大量耗费社会人力和资财，导致社会矛盾激化，引起老百姓极大不满，以周武王为首的各部落联合起来，共同讨伐商纣王，奴隶们再也不愿意为荒淫无度的纣王卖命，纷纷倒戈，最后牧野之战后，纣王自焚，商被周所灭。

zhōu wǔ wáng　　shǐ zhū zhòu

周 武 王，始 诛 纣。

才　　杀　　纣王

bā bǎi zǎi　　zuì cháng jiǔ

八 百 载，最 长 久。

释 义

　　周武王起兵灭掉商朝，杀死商纣王，建立了周朝。周朝是我国历史上最长久的朝代，一共延续了八百多年。

思 考

1. 你知道哪些关于武王伐纣的故事和传说？请说一说。

2. 从朝代的更替中你发现了什么？如果一个君主只顾自己享乐，而不顾百姓的死活，他的下场会怎样？

3. 你发现了吗，历史总是惊人地相似。对比一下开国之君与亡国之君，看看他们各有什么特点？

西周的最后一个皇帝是周幽王，他非常残暴，他有一个名叫褒姒的妃子，长得非常美丽，但从来没有笑过。周幽王想尽了各种办法，也没能博得美人一笑，周幽王就下令说："谁能让娘娘笑出来，就奖谁一千两黄金。"有人就想出了一个点起烽火戏弄诸侯的主意。有一天傍晚，周幽王竟然真的带着褒姒登上城楼，并下令点起烽火。附近的诸侯看到烽火后，以为有外敌入侵王城，

就赶快领兵去救援。但到城下的时候，看到城内灯火通明，锣鼓喧天，一打听才知道是周幽王为了博得褒姒一笑而干的荒唐事。诸侯们汗流浃背，狼狈不堪，却敢怒不敢言，只好狼狈地打道回府。褒姒见状，果然露出了笑容。这就是"烽火戏诸侯"的故事。

过了不久，外敌真的入侵了，烽火台再次点起了烽火，可诸侯们以为周幽王又在戏弄他们，就没有人肯去了。结果，王城被攻破，周幽王被杀死了，西周也就此灭亡了。这个故事就是古代版的"狼来了"呀，不同的是，"狼来了"中小孩放的羊都被狼吃掉了，周幽王却把一个国家断送了。

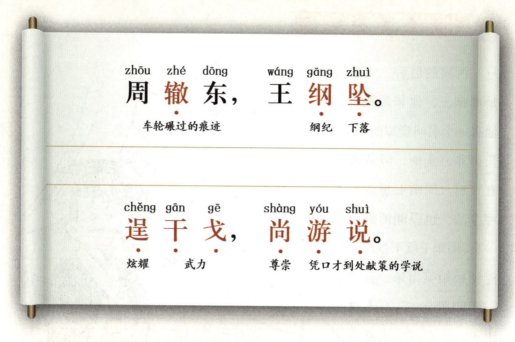

zhōu zhé dōng, wáng gāng zhuì.

周 **辙** 东，王 纲 **坠**。

车轮碾过的痕迹   纲纪 下落

chěng gān gē, shàng yóu shuì.

逞 干 戈，**尚** 游 说。

炫耀   武力   尊崇 凭口才到处献策的学说

释 义

    周朝向东迁都以后，王室的纲纪、威信逐渐降低，诸侯们开始炫耀自己的武力，人们开始崇尚那些凭口才到处献策的学说。

思 考

1. 各国诸侯为什么不受周王室的控制？

2. 为什么国家纲纪会坠落？

3. 你认为西周灭亡是因为褒姒吗？

西周的最后一个皇帝幽王为博宠妃一笑，可以烽火戏诸侯，还为她废掉皇后和太子，最终使国家毁灭，自己也成了亡国之君，留下千古骂名。幽王被犬戎兵所杀，西周灭亡。众诸侯就拥立被周幽王废掉的太子宜臼为帝，他就是周平王。原来的国都镐京（今陕西西安西）遭到了严重的破坏，平王就把国都向东迁到了洛邑（今河南洛阳），史称"东周"，从此周王室偏安一隅，无所追求，影响力大降，对诸侯的控制力也逐渐转弱，后来，甚至到了周王要讨好诸侯的地步。

东周时期分春秋、战国两个阶段，前有"春秋王霸"，后有"战国七雄"。各诸侯国纷纷炫耀武力争当霸王，此消彼长，这也为那些谋士、辩才提供了许多机会，那也是百家争鸣的时代，是中华民族思想史上最为灿烂繁荣的时代，并与同时期的古希腊文明交相辉映。

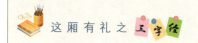
shǐ chūn qiū　　zhōng zhàn guó
始 春 秋， 终 战 国。
开始　　　　　　结束

wǔ bà qiáng　　qī xióng chū
五 霸 强， 七 雄 出。
指齐桓公、宋襄公、晋文公、　指齐、楚、燕、韩、赵、魏、秦
秦穆公、楚庄王

释 义

　　东周开始于春秋时期，到战国时期结束。齐桓公、宋襄公、晋文公、秦穆公和楚庄王是春秋时期的五霸，齐、楚、燕、韩、赵、魏、秦是战国的七雄。

思 考

1. 你听说过齐桓公和管仲的故事吗？说一说齐桓公为什么能成就霸业？

2. 你还知道其他霸主的哪些故事？请你说一说。

3. 春秋战国时期，可谓群雄争霸，同时也是百家争鸣的时期，各种思想十分活跃。你都了解哪些思想学说？

齐桓公有个得力的助手，名叫管仲，齐桓公之所以能当上第一个中原霸主，和管仲的功劳是分不开的。但管仲在受到重用之前，曾经是齐桓公的敌对力量。

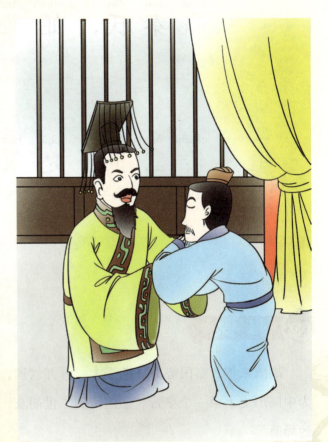

在齐桓公即位以前，他的父亲襄公曾误杀了鲁国的国君，当时，为了避免遭受连累，鲍叔牙便带着公子小白（即桓公）逃到莒国去。同时，桓公的兄弟公子纠带着召忽和管仲逃向鲁国。后来，他们的兄长齐襄公被杀，齐国群龙无首时，桓公和公子纠都想回国继承王位。管仲为了能让公子纠登上王位，就找机会暗中埋伏，想置桓公于死地，幸好桓公装死躲过。就在公子纠的戒心松懈下来时，齐桓公趁机进入齐国登上了王位。在鲍叔牙的劝告下，桓公把管仲请了回来，辅佐自己治国。桓公心胸宽大，管仲更不负所托，终于把齐国治理成富强的国家。

yíng qín shì　　shǐ jiān bìng
嬴 秦 氏， 始 兼 并。
秦国的姓　　　　　　　合并、统一

chuán èr shì　　chǔ hàn zhēng
传 二 世， 楚 汉 争。
传国 代，三十年为一世 项羽的势力 刘邦的势力

释 义

　　战国末年，秦国势力日渐强大，吞并六国，建立了秦朝，秦王嬴政成为中国历史上第一个皇帝。秦国传到二世胡亥，天下大乱，形成楚汉相争的局面。

思 考

1. 你知道秦始皇做出过哪些贡献？他又施行了哪些暴政？

2. 秦朝为什么只传了两代就灭亡了？

3. 你知道霸王别姬的故事吗？为什么项羽会败给刘邦？

公元前 210 年，秦始皇死于出巡途中。秦始皇死后，赵高串通李斯，篡改秦始皇发布的诏书，由胡亥继承皇位，自任郎中令，并以秦始皇的名义逼始皇帝长子扶苏和将军蒙恬自杀。秦二世胡亥即位后，朝廷大权就落到赵高手中，他开始向反对自己的大臣痛下杀手。

为了测试哪些大臣是站在自己这边，赵高还导演了一场"指鹿为马"的闹剧。一天上朝，赵高让

人牵来一只鹿，笑容满面地对秦二世说："陛下，我给您物色到了一匹好马。"秦二世说："丞相，你弄错了，这分明是一只鹿。"赵高说："陛下，您看清楚了，这确实是一匹马。如果您不信，可以问问大臣们。"很多人忽然明白了赵高的意图，立刻对皇上说："这真的是一匹千里马。"而那些没有说这是一匹马的人或者因胆小怕事、低头不语的人，都被赵高治了罪，甚至是满门抄斩。后来赵高设计害死李斯，逼迫秦二世自杀，另立子婴为秦王。但是恶有恶报，不久赵高被子婴想办法杀掉，还株连宗族三代被杀。

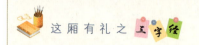

gāo zǔ xīng, hàn yè jiàn.

高祖兴，汉业建。

兴起　　汉朝的基业，　　建立
　　　　指汉朝的天下

zhì xiào píng, wáng mǎng cuàn.

至孝平，王莽篡。

夺取帝位

释义

刘邦打败了项羽，建立了汉朝，史称汉高祖。到了孝平帝时期，帝位被王莽篡夺。

思考

1. 查找刘邦的更多资料，你觉得他是怎样的一个人？

2. 刘邦怎么能不到三年就战胜西楚霸王项羽呢？

3. 汉朝和大约同时期欧洲的罗马帝国并列为当时世界上最先进的文明及强大帝国，你怎么看？

公元前 202 年 2 月 28 日，刘邦于荥阳汜水之阳即皇帝位，定都长安，史称西汉。刘邦是今天江苏沛县人，人称沛公。刘邦出身农家，不爱劳动也不爱读书,但是他情商极高，性格豪爽，为人也非常豁达大度。在秦朝时，曾经担任泗水亭亭长，后来在押送途中，因放走刑徒而起兵，并响应陈胜、吴广起义，不久后投奔楚国贵族之后、反秦大军的统帅项梁（项羽的叔父）。鸿门宴之后，刘邦被项羽封为汉王。

　　秦灭亡后，西楚霸王项羽和汉王刘邦为争夺政权，进行了一场长达四年的大规模战争，楚汉之争以项羽失败乌江自刎，刘邦建立西汉王朝而告终。刘邦对汉民族的统一、强大，汉文化的保护、发扬有决定性的贡献，汉族这一称谓即来源于汉朝。

guāng wǔ xīng，wéi dōng hàn

光 武 兴， 为 东 汉。

汉光武帝刘秀　复兴

sì bǎi nián，zhōng yú xiàn

四 百 年， 终 于 献。

终结　　东汉献帝

释 义

汉光武帝刘秀，推翻了王莽政权，复兴了汉王室，称为东汉。经过了四百多年，到汉献帝时汉朝灭亡。

思 考

1. 你听过关于刘秀的哪些故事？你觉得他是一个怎样的人？

2. 刘秀是汉王室远房庶出的旁支，只是一介平民，而他在推翻王莽新政以后，仍以"汉"为国号，这说明了什么？

3. 查一查资料，了解一下光武中兴。

汉光武帝刘秀是南阳蔡阳（今湖北枣阳）人，东汉王朝的开国皇帝，西汉高祖刘邦的九世孙。西汉灭亡后，社会十分动荡，外戚王莽开了篡权的先河，建立"新潮"，他本也想有所作为，实施一系列改革，但因步子太快，加上制度本身的弊病，反而使矛盾更加激化给百姓带来更大的灾难，农民起义相继爆发。身为一介布衣却有前朝血统的刘秀也乘势起兵，加入绿林军。在昆

阳大战中，刘秀带领十二个勇士趁着夜色冲出去搬救兵。第二天起义军大败王莽主力军。刘秀从此威名大振。刘秀大败王莽的消息鼓舞了各地人民，纷纷起来响应汉军。王莽新朝维持了十五年就土崩瓦解了。

公元 25 年，刘秀与绿林军公开决裂，在河北高阳登基称帝，建立了东汉王朝，定都洛阳。经过长达十数年之久的统一战争，刘秀先后平灭了更始、建世和陇、蜀等诸多割据政权，使得自新莽末年以来，纷争战乱长达 20 余年的中国大地再次归于一统。天下定后，刘秀推行"偃武修文"的国策，他重视教育，兴办学校、还亲自到太学讲经论学，奠定了东汉王朝近两百年的基业。

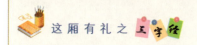
wèi shǔ wú   zhēng hàn dǐng

魏 蜀 吴， 争 汉 鼎。

传国的宝鼎，指天下

hào sān guó   qì liǎng jìn

号 三 国， 迄 两 晋。

到

释 义

东汉末年，形成了魏、蜀、吴三国相争的局面，后来魏国灭了蜀国和吴国，却被司马炎夺取魏国帝位，建立了晋朝，晋朝又分为东晋和西晋。

思 考

1. 你打算以后怎么报效祖国？

2. 为了实现理想，你要做哪些准备？

3. 看完了这个故事，你觉得应该交什么样的朋友？

东汉末年国家分裂，各军事集团割据混战，曹操势力逐渐强大，一度统一北方，但赤壁战败，江南孙权、蜀汉刘备势力发展，形成三国鼎立的局面，曹魏挟天子以令诸侯，曹丕继位受汉室禅让，所以魏是正统。后处于司马家的挟持状态，晋即指司马氏建立的统一西晋王朝，和后来盘踞在南方的半壁江山东晋王朝（此时北方时五胡十六国时代）。

东晋时期有一个叫祖逖的有志之士，深感不学无术，难以报效祖国，就发愤读书，他和好朋友刘琨有着共同的远大理想：建功立业，复兴晋国。这样不仅要读好书，还要有强壮的身体。有一天祖逖与刘琨约定，以后每天早上听见鸡叫就起床练武。刘琨欣然同意。

从此冬去春来，寒来暑往，二人从不间断。功夫不负有心人，经过长期的刻苦学习和训练，他们终于成为能文能武的全才，既能写得一手好文章，又能带兵打胜仗。后来，祖逖被封为大将军，刘琨也做了高官，都成为了国家的栋梁之材。这就是成语"闻鸡起舞"的由来。

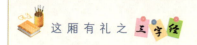

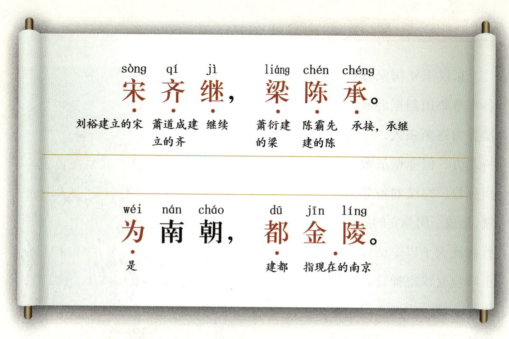

sòng qí jì　liáng chén chéng
宋 齐 继， 梁 陈 承。
刘裕建立的宋　萧道成建　继续　　萧衍建　陈霸先　承接，承继
　　　　　　立的齐　　　　　　的梁　建的陈

wéi nán cháo　dū jīn líng
为 南 朝， 都 金 陵。
是　　　　　　　建都　指现在的南京

释 义

　　晋朝灭亡后，是南、北朝对立的时代，南朝包括宋、齐、梁、陈，都在金陵（今南京）建都。

思 考

1. 南朝的这些朝代，历时都很短，你觉得为什么会这样？

2. 改朝换代，就避免不了要打仗，你觉得老百姓的生活会不会好？

3. 你知道五代十国时期的南唐后主李煜吗？比较一下这两位后主。

魏晋南北朝是中国历史上政权更迭最频繁的时期。晋朝灭亡后，南北对峙时期叫南北朝，南方包括宋、齐、梁、陈四朝，此方则有北魏、东魏、西魏、北齐、北周。这一时期人民流离失所，困苦不堪。

陈朝的徐德言是乐昌公主的丈夫，伉俪情深。徐担心兵荒马乱之际二人可能冲散，就拿出一面镜子，一破两半，说："一旦冲散，到正月十五，我们都拿着镜子去街上高价

出售，人们会当笑话传开，我就能去找到你了。"

陈朝灭亡后，乐昌公主被隋大臣杨素掠去，元宵节时，徐德言流落长安，在街头卖破镜，乐昌公主也派贴身老仆上街寻访，二人相遇镜子相合。乐昌公主向杨素哭诉原委，杨素感动，终于让他们夫妻团圆。这就是"破镜重圆"典故的由来。

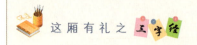
bǐ yuán wèi　　fēn dōng xī
北 元 魏，分 东 西。
北朝　北魏，拓跋氏建立北魏，拓跋宏改姓元

yǔ wén zhōu　　yǔ gāo qí
宇 文 周，与 高 齐。
宇文觉篡夺西魏政权建立的北周　　高洋篡夺东魏政权建立的北齐

释 义

　　北朝指的是元魏，元魏后来又分裂成为东魏和西魏。后来，宇文觉篡夺了西魏政权，建立了北周；高洋篡夺了东魏政权，建立了北齐。

思 考

1. 孝文帝的汉化政策有什么进步意义？对人民有哪些好处？
2. 南北朝时期汉民族文化有哪些先进之处？

　　立国仅52年的西晋亡国后，东晋偏安于江南，北方则进入五胡十六国时代。这期间除汉族外，还有匈奴、鲜卑、羯、氐、羌五个少数民族各自建立王国，诸国彼此混战。

　　源于大兴安岭一带的鲜卑族拓跋氏建立北魏，其历代君主都很重视学习汉文化。孝文帝拓跋宏即位后，因其由汉族的冯太后抚养长大，深受汉文化影响，在冯太后、大臣李冲等的支持、辅佐下，大力实行汉化政策，把鲜卑姓氏改为汉姓，自己也改姓为元；以汉语为国语，改穿汉服，并提倡儒学，恢复汉族礼乐制度，修孔庙祭礼；迁都洛阳，采纳汉族封建统治制度，推行均田制等等。这一系列大刀阔斧的改革举措，使原本对立的汉族和鲜卑族逐渐融合，极大地促进了北魏政治、经济的发展，也使孝文帝不仅是夷狄的君王，还是中国人的君王，成为中国历史上卓越的政治家和改革家。当然这也造成汉化与反汉化两大阵营的对抗，引起"六镇之乱"，瓦解了北魏王朝。公元534年北魏分裂为东魏与西魏，隔黄河而治。从从拓跋珪建魏，到西魏灭亡，元魏立国171年，是所有魏晋南北朝中立国最长久的。

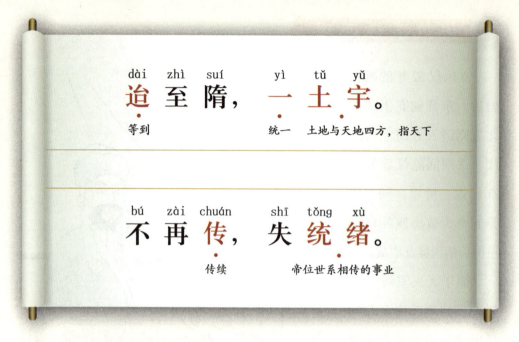

dài zhì suí yì tǔ yǔ
迨 至 隋， 一 土 宇。
等到   统一 土地与天地四方，指天下

bú zài chuán shī tǒng xù
不 再 传， 失 统 绪。
       传续   帝位世系相传的事业

释 义

　　杨坚结束了南北对峙的局面，统一中国，建立了隋朝。可惜隋朝国运很短，到隋炀帝，隋朝就灭亡了，不再传续。

思 考

1. 隋朝为什么立国这么短暂就灭亡了呢？

2. 你觉得什么样的君主才是一个好的君主？

3. 隋炀帝虽然是有名的暴君，可他修建的运河却为历朝历代的百姓提供了极大的便利，所以，暴君做的事情就全是错误的吗？

自东汉灭亡后，到隋朝建立，长达 369 年的魏晋南北朝才算正式结束，中华民族重归大一统时代。

隋文帝杨坚统一南北朝后，生活简朴，勤政爱民，人民的生活逐渐安定起来。不料，到隋炀帝时期，杨广好大喜功，铺张浪费，普天之下，民不聊生。不仅如此，隋炀帝还大兴土木，修建运河，征百万人去修长城，还远征高句丽（今朝鲜），当时，为战争转运粮食的民工死在路上的不计其数，百姓生活在水深火热之中。

隋炀帝的暴政，最终导致大规模的农民起义。611 年，山东农民首先发动起义，全国各地农民纷纷响应，发展成大规模的农民战争。翟让、李密领导的瓦岗军势力最大。瓦岗军攻占兴洛仓后，开仓散粮，赈济饥民，百姓归附，迅速发展到几十万人。隋朝在瓦岗军和各地起义军的打击下，土崩瓦解。618 年，隋炀帝在江都被部将杀死，李渊推翻了隋朝的统治，建立唐朝。

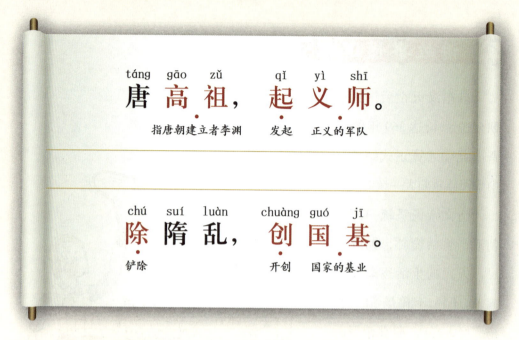

táng gāo zǔ　qǐ yì shī
唐 高 祖， 起 义 师。
指唐朝建立者李渊　　发起　正义的军队

chú suí luàn　chuàng guó jī
除 隋 乱， 创 国 基。
铲除　　　　　开创　国家的基业

释 义

　　唐高祖李渊，发起正义之师，平定隋末的大乱，开创了唐朝的基业。

思 考

1. 如果你是皇帝，你会专门修建一座宫殿供自己游玩吗？

2. 太宗朝胸怀大局、四海一统的民族和外交政策，使四海之内只要知道中国的均努力依附，以唐为荣，他们同唐人一样可以自由自在地生存，还可以做官，很多外族人都为唐朝做出了杰出贡献，现在在国外，"唐人""唐人街"的称谓，正是那时繁荣富强、威甲四海、文礼之邦的生动写照。你去过国外的唐人街吗？说说你的感受。

3. 你知道魏徵吗？和小伙伴分享一下他与唐太宗的故事。

唐朝开国皇帝李渊，出身于北周的贵族家庭，七岁就袭封唐国公。隋末天下大乱时，李渊任太原留守，他乘势从太原起兵，攻占长安。618年，李渊接受隋恭帝的禅让称帝，建立唐朝，定都长安。玄武门之变后，李渊退位称太上皇，禅位于次子李世民。

唐太宗李世民是唐朝第二位皇帝，他在位期间，知人善用、广开言路、虚心纳谏、爱民如子，是中国历史上最著名的政治家与明君之一。

做了皇帝后，李世民积极听取群臣的意见，对内以文治天下，开创了历史上著名的"贞观之治"；对外逐步消灭各地割据势力统一全国，开疆拓土，先后平定东突厥、薛延陀、回纥等，征服高昌、龟兹、吐谷浑、高句丽，使边境安宁，各民族融洽相处，唐朝声名远播，他也被各族人民尊称为"天可汗"，使得社会出现了国泰民安的局面，为后来全盛的开元盛世奠定了重要的基础，将中国传统农业社会推向鼎盛时期。

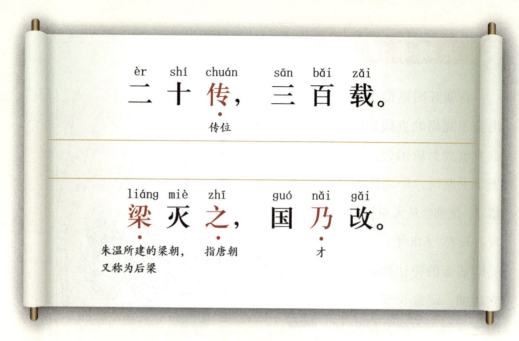

èr shí chuán, sān bǎi zǎi.
二 十 传， 三 百 载。
传位

liáng miè zhī, guó nǎi gǎi.
梁 灭 之， 国 乃 改。
朱温所建的梁朝， 指唐朝 才
又称为后梁

释 义

　　唐朝传了二十位皇帝，历时将近三百年，到唐哀帝时被朱温篡位，建立了梁朝，称为后梁。

思 考

1. 你觉得安禄山为什么要装？如果是你，能看穿他的真实面目吗？
2. 现在就有一种荔枝叫"妃子笑"，你吃过吗？这让你想到什么？
3. 自己动手查一下"安史之乱"的资料。

唐朝的另一个盛世就是"开元之治"，"开元"是唐玄宗李隆基的年号。玄宗即位后，先起用姚崇、宋璟为相，其后又用张说、张九龄为相。他们各有所长，并且尽忠职守，使得朝政充满朝气；而且玄宗在此时也能虚怀纳谏，勤政爱民，因此政治清明，政局稳定，国家富强。可到了唐玄宗后期，他荒于政事，宠爱杨贵妃。杨玉环爱吃荔枝，玄宗耗费国力，修建千里贡道，"一

骑红尘妃子笑，无人知是荔枝来"说的就是这件事。

　　玄宗晚期重用外戚杨国忠、胡人安禄山等奸佞之人，最终导致了"安史之乱"。

　　安禄山是个城府很深的人，为了取得皇帝的信任，就装作很愚钝的样子。有一次，唐玄宗和太子都在场，安禄山却只拜唐玄宗，不拜太子。唐玄宗问他原因，他说："臣愚钝，只知道要效忠皇上，不知道太子也要效忠。"唐玄宗还为有这样为自己效忠的人而心花怒放，直到安史之乱爆发了，才知道自己平时看到的都是假象。

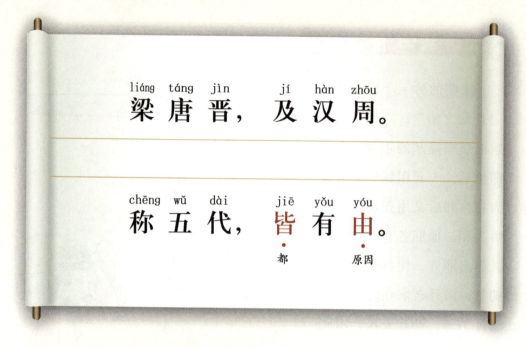

liáng táng jìn jí hàn zhōu
梁 唐 晋， 及 汉 周。

chēng wǔ dài jiē yǒu yóu
称 五 代， 皆 有 由。
都　　　原因

释义

后梁、后唐、后晋、后汉和后周，被称为五代，这五个朝代的更替都是有原因的。

思考

1. 五代的每个朝代，比南北朝时期还短，你知道这是为什么吗？

2. 即便像石敬瑭这样屈辱地做儿皇帝，国家还是被灭了，你觉得想被人尊重，应该怎样做？

3. 战乱时期，百姓的生活尤其困苦，如果你是皇帝，你会怎么做？

从唐朝灭亡，到宋朝统一中国这段时期称为五代十国，其本质上是唐朝藩镇割据和唐朝后期政治的延续。唐灭后，各地藩镇纷纷自立为国，但他们都无力控制整个中国，只是藩镇型的朝廷。907年，朱温篡唐建立后梁，这是五代的开始。五代依次为后梁、后唐、后晋、后汉、后周五个时期，五代之外有众多割据政权，其中前蜀、后蜀、吴、南唐、吴越、闽、楚、南汉、南平、

北汉等称为十国。五代十国是个大混乱大破坏时期，被称为最差的年代。比如最残酷的刑罚"凌迟"（即千刀万剐）就是在五代乱世出现的。所以欧阳修在他写的《新五代史》里常用"呜呼"开头。

这段历史上我国出现了一位最屈辱的儿皇帝——石敬瑭。后唐大将石敬瑭起兵背叛后唐，反被围攻，他向契丹求援，契丹军南下击败唐军，石敬瑭受契丹册封为"大晋皇帝"，然后按约定将燕云十六州献给契丹，并向比他小10岁的辽太宗耶律德光自称为"儿皇帝"，奉耶律德光为"父皇"。石敬瑭靠契丹的保护，做了七年的儿皇帝，最后病死。其子即位，竟然向辽称孙。即便如此丧权辱国，后晋的国运还是没能长久，最后被辽所灭。"儿皇帝"也成为叛臣的代称，泛指投靠外国，建立傀儡政权的统治者。

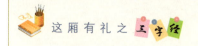

yán sòng xīng　　shòu zhōu shàn
炎 宋 兴， 受 周 禅。

指宋朝，宋朝属五行中的火，被称为炎宋　接受　后周　禅让

shí bā chuán　　nán běi hùn
十 八 传， 南 北 混。

传国　　　　　混乱

释 义

　　赵匡胤接受了后周的"禅让"，建立了宋朝，全国统一，传了十八位皇帝后，北方少数民族南下侵扰，中国又陷入南北混战中。

思 考

1. 你知道其他朝代的开国皇帝都是怎样对待帮他打天下的老臣的吗？

2. 有人说，赵匡胤欺负上朝皇帝年幼，发生了陈桥兵变，是不忠。你觉得他应该做皇帝吗？

3. 你还知道赵匡胤的哪些故事？

宋太祖赵匡胤是北宋王朝的建立者，公元960年，他以"镇定二州"的名义，谎报契丹联合北汉大举南侵，领兵出征，发动陈桥兵变，黄袍加身，代周称帝，建立宋朝，定都开封。

宋太祖一生最大的贡献和成就在于重新恢复了华夏主要地区的统一，结束了安史之乱以来长达200年的诸侯割据和军阀战乱局面。他奉行"文以靖国"的理念，成为我国历史上最受推崇的一代文治之君，彻底扭转了唐末以来武夫专权的黑暗局面，使宋代的文化空前繁盛，史称"建隆之治"。后人称"宋朝是文人的乐园"。

宋太祖赵匡胤做皇帝后，因为担心别人效仿他黄袍加身，心里一直不踏实。于是他听了赵普的建议，专门宴请一些老将。宴席中，宋太祖问："如果你们贪图富贵的部下，硬把黄袍加到你们身上，你们能不干吗？"老将们惶恐地请宋太祖指引出路，宋太祖顺势说："你们去地方做官，置办田产房屋，享受人生，不是更好吗？"第二天上朝的时候，老将们纷纷请求告老还乡，宋太祖马上批准。这就是"杯酒释兵权"的来历。

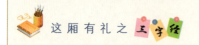
shí qī shǐ　　quán zài zī
十 七 史，全 在 兹。
这里

zǎi zhì luàn　　zhī xīng shuāi
载 治 乱，知 兴 衰。
记载　太平盛世与乱世　明白

释 义

　　从三皇五帝到大宋王朝，全部历史都在这里了。史书记载了各个朝代的治乱兴衰，让人明白各个朝代兴盛、衰亡的原因。

思 考

1. 同样的错误，你有没有犯过很多次呢？
2. 别人犯的错，你看到后还会犯吗？
3. 你从别人的经历中，吸取到了哪些教训？

到宋朝，中国史学一共编纂了正史十七部：《史记》（西汉·司马迁）、《汉书》（东汉·班固）、《后汉书》（南朝宋·范晔）、《三国志》（西晋·陈寿），称"前四史"，加上《晋书》（唐·房玄龄）、《宋书》（南朝梁·沈约）、《南齐书》（南朝梁·萧子显）、《梁书》（唐·姚思廉）、《陈书》（唐·姚思廉）、《魏书》（北齐·魏收）、《北齐书》（唐·李百药）、《周书》（唐·令狐德棻）、《隋书》

（唐·魏徵等），就成了十三史，在此基础上，加上《南史》（唐·李延寿）、《北史》（唐·李延寿）、《新唐书》（北宋·欧阳修、宋祁）、《新五代史》（北宋·欧阳修），形成十七史。

十七部史书，把历朝历代的兴、盛、衰、亡都记载得清清楚楚，无论忠臣明主，抑或是奸佞小人，史书上都有记载，后人都可以靠自己的理解，去评论他们的功过。唐太宗曾说："以铜为鉴，可以正衣冠；以史为鉴，可以知兴替；以人为鉴，可以明得失。"历朝历代的明主，都熟读史书，深知应该向哪些君主学习，国家才会长治久安。

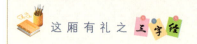

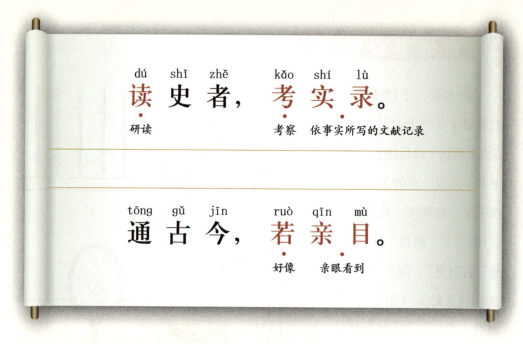

dú shǐ zhě   kǎo shí lù
读 史 者， 考 实 录。
研读   考察   依事实所写的文献记录

tōng gǔ jīn   ruò qīn mù
通 古 今， 若 亲 目。
                  好像   亲眼看到

释 义

　　研究历史的人，要详细地考察各个朝代依事实所写的文献记录，才能明白从古到今历史事实的前因后果，就像是自己亲眼看到一样。

思 考

1. 如果别人说一件你没有亲眼看到的事情，你会相信吗？
2. 自己亲眼见到的事情就一定是真的吗？
3. 如果没有文字，你会怎样记录一件很重要的事情？

讲故事懂道理

我们研究历朝历代的经济文化、风土人情，唯一的依据就是史书上的记载，所以历史要讲究事实，就是所写的事情都要有证据。商朝以前，由于没有统一的文字，所以就没有可以考察的确切历史记载，因此，商朝以前的历史有很浓的神话色彩。直到商朝时期，有了甲骨文，人们才能根据甲骨文的记载对商朝的政治制度、服饰穿着、饮食习惯、宗教礼仪等加以研究。

历代统治者当然深知历史的重要，因此，中国历代都设置专门记录和编撰历史的官职，史官分随侍皇帝左右，为专门负责记录皇帝的言行与政务得失的起居注史官，这些记录皇帝是不能看到的；还有专门编撰前代王朝的官方历史的史馆史官。最早设置史官就是夏朝。唐代正式设立了史馆。中国古代的史官有"秉笔直书"的好传统，尤其是司马迁这样的史官，成为后世史官的楷模，史官们对于"君举必书"十分认真，哪怕屠刀架在脖子上，也要说真话，"宁为兰摧玉折，不作萧敷艾荣。"

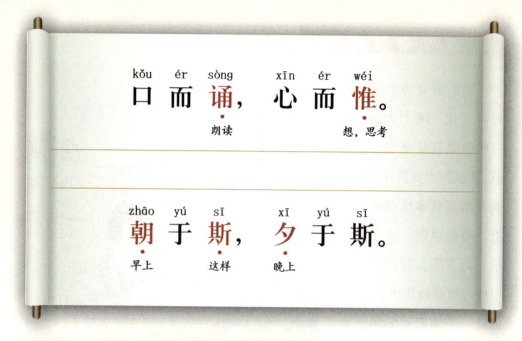

kǒu ér sòng　xīn ér wéi

口 而 诵，心 而 惟。

朗读　　　　　　想，思考

zhāo yú sī　xī yú sī

朝 于 斯，夕 于 斯。

早上　　这样　　晚上

释　义

　　我们学习的时候，要一边朗诵，一边用心思考。早上这样，晚上也这样，才能真正地学好。

思　考

1. 查一查"讽诵"、"涵泳"是什么意思，然后照着去做。

2. 你能做到口到、手到、心到这样学习吗？

讲故事懂道理

大思想家朱熹说读书有三到：口到、手到、心到。

口到就是嘴里要念出声，口念耳听可以帮助记忆。耳朵听到的话落下印象后，就不容易忘记。再者，中国的诗文都很注重声调的变化，所以念出声，可以帮助自己去感受。古人读书很讲究"讽诵涵泳"的功夫，讽诵，就是朗读，抑扬顿挫地诵读；涵泳，即仔细读书，深入领会，反复诵读、品味。

手到是要常写、常批、常抄。手写虽比口念要慢，但在写时却加深了不少印象，所以小学生初识字，一个字常常要重复写的家庭作业是有道理的。

心到，不论读书、写字都要用心，心不到，心不在焉则视而不见，听而不闻，白费功夫，所以读书时一定要专注，而且还要时时用心思考，如此用功，学问没有不成的。

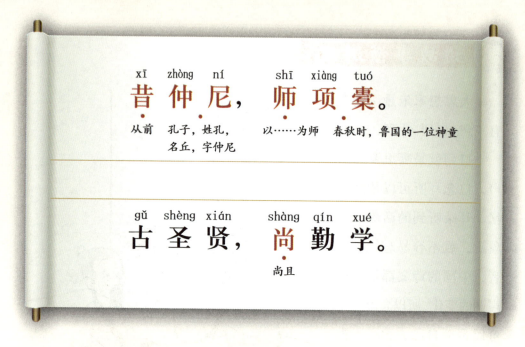

xī zhòng ní   shī xiàng tuó

昔 仲 尼， 师 项 橐。

从前　孔子，姓孔，　　以……为师　春秋时，鲁国的一位神童
　　　名丘，字仲尼

gǔ shèng xián   shàng qín xué

古 圣 贤， 尚 勤 学。

　　　　　　　　　尚且

释 义

　　圣人孔子是一位十分好学的人，当时鲁国有一位叫项橐的神童，孔子就曾经向他学习。古代的圣贤尚且如此好学，更何况我们普通人。

思 考

1. 你向比你年幼的人请教过问题吗？

2. 你觉得项橐那样说话有礼貌吗？

3. 你从孔子身上学到了什么好品质？

一天，孔子乘坐马车路过一个地方的时候，有一个小孩用土围了一座"城"挡住了他的去路。孔子下车问小孩："你叫什么名字，看到车为什么不让路呢？"小孩说："我叫项橐，我只听说过车绕城，没听说过城让车啊。"孔子无言以对，只好绕"城"而过。

车子绕"城"后，孔子见他聪明伶俐，就说："看你这小孩才智过人，现在你我二人各出一题，互相回答，答对的人就做答错人的师父，怎么样？"项橐欣然答应。

孔子说："你可知道天上有多少星辰，地上有多少五谷？"项橐答道："苍天高远不可以用丈来测量，大地宽广不能用尺来测量，天有一夜星辰，地有一茬五谷。"

答完，项橐问："夫子，你可知道人有多少根眉毛？"孔子答不出，于是就等项橐沐浴完毕，设案行礼，拜项橐为师。

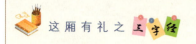
这厢有礼之 三字经

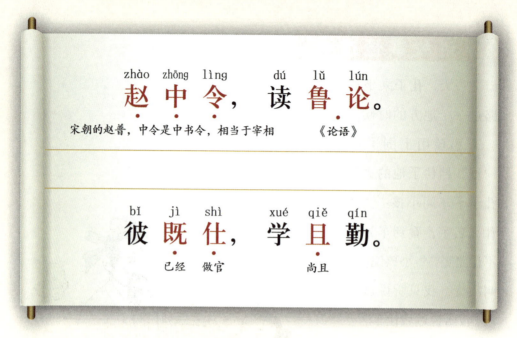

zhào zhōng lìng　dú lǔ lún
赵 中 令， 读 鲁 论。
宋朝的赵普，中令是中书令，相当于宰相　　　　《论语》

bǐ jì shì　xué qiě qín
彼 既 仕， 学 且 勤。
已经 做官　　　　尚且

释 义

　　宋朝的中书令赵普，喜欢读《论语》，他做官都已经做到了中书令，还是很勤奋地学习。

思 考

1. 你有什么特别喜欢的书吗？为什么喜欢它？

2. 赵普官至宰相，还是每天闭门苦读，你做得到吗？

3. "半部《论语》治天下"，可见《论语》有多重要，你认真读过了吗？

150

赵普（幽州蓟人）是北宋初期的杰出政治家，中国历史上著名的谋士。他15岁随父迁居洛阳，自幼学习吏治。

公元960年，与赵匡胤发动陈桥兵变，以黄袍加身于赵匡胤，推翻后周，建立宋朝。建国后，赵普协助太祖筹划削夺藩镇，又导演了"杯酒释兵权"，还实行更戍法，改革官制。制定边防重大措施。他从政50年，三度为相。

赵普智谋多，读书少，年轻的时候只担任过小官吏，比起其他大臣，学问要差很多。做了宰相以后，宋太祖常常劝他要多读书。所以，他每次退朝回家，就关门苦读。他死后，家人打开书箱一看，原来只是半部《论语》，于是就有了赵普"半部《论语》治天下"的说法，这对后世产生巨大影响，成为儒学治国的名言。

pī pú biān   xiāo zhú jiǎn
披 蒲 编， 削 竹 简。
翻开 用蒲草编的席子 用刀子刮 竹片

bǐ wú shū   qiě zhī miǎn
彼 无 书， 且 知 勉。
尚且，还

释 义

　　西汉时路温舒把书抄在蒲草编的席子上阅读，公孙弘把书抄在削过的竹片上阅读。他们没钱买书，但都知道要勤奋学习。

思 考

1. 你知道《尚书》《春秋》都是什么书吗？

2. 为了读到想读的书，你克服过哪些困难？

3. 古人如果家里面没有藏书，想要读书是很困难的，现在的你，可以通过哪些渠道读到自己喜欢的书呢？

钜鹿（今属河北）人路温舒是西汉著名的司法官，小时候他十分好学，可是因为家里很穷，上不起学，只能帮人放羊。有一天，他在放羊的时候，看到满地的蒲草，灵机一动，把蒲草编成草席，然后把借来的《尚书》抄在草席上。从那以后，只要有时间，他就拿出草席读书。后人因此用"截蒲、削蒲、编蒲、题蒲"等指刻苦学习。

路温舒起初学习律令，后又学习《春秋》经义，被推选为孝廉，担任廷尉史。他反对刑讯逼供，主张"尚德缓刑"，他"省法制，宽刑罚"的主张受到宣帝的重视。

无独有偶，齐地（今山东）人公孙弘，家境贫寒，为侍养老母，不得不在海边放猪谋生。直到四十多岁时，他才开始专心学习《公羊春秋》以及各家解释《春秋》的著作。他学习刻苦，把书抄在竹片上苦读，最终布衣封侯，官至丞相，位列三公，成为我国两汉历史上著名的经学家。

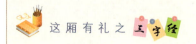
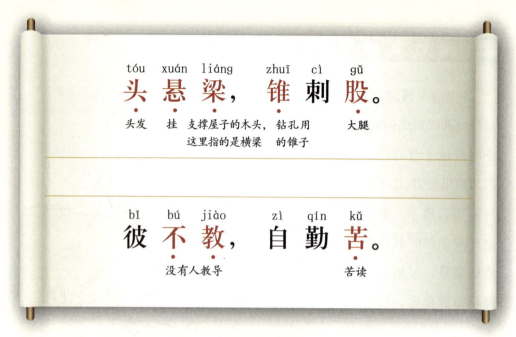

tóu xuán liáng，zhuī cì gǔ
头 悬 梁，锥 刺 股。
头发　挂　支撑屋子的木头，钻孔用　大腿
　　　　　这里指的是横梁　的锥子

bǐ bú jiào，zì qín kǔ
彼 不 教，自 勤 苦。
　　没有人教导　　　　苦读

释 义

　　孙敬把头发用绳子系上挂在横梁上，以免瞌睡。苏秦读书读到疲倦时就用钻孔的锥子刺自己的大腿。没有人教导督促他们学习，但他们却仍然发奋苦读。

思 考

1. 你会主动学习吗？
2. 你在看书的时候如果瞌睡了，你会怎么做？
3. 你能做到像孙敬和苏秦那样学习吗？

《汉书》中说，汉朝有个叫孙敬的人，他年少好学，博闻强记，而且视书如命，晚上看书学习常常通宵达旦。邻里们都称他为"闭户先生"。这样时间长了，有时不免打起瞌睡来，一觉醒来，又懊悔不已。有一天，他抬头苦思的时候，目光停留在房梁上，顿时眼睛一亮。随即找来一根绳子，绳子的一头拴在房梁上，下边这头就跟自己的头发拴在一起。这样，每当他累了

困了打瞌睡时，绳子就会拽他的头发，一疼就会惊醒而赶走睡意。从这以后，他用这种办法发奋苦读，终于成为一名通晓古今的大学问家。

《战国策》介绍苏秦是战国时期著名的纵横战略家，开始时随鬼谷子学纵横术，学成后变卖家产四处游说。由于学问不深，曾到好多地方做事，都不受重视。回家后，家人对他也很冷淡，瞧不起他。这对他的刺激很大，他决心要发奋读书。当他读书到深夜犯困，一打瞌睡，就用锥子往大腿上刺一下。这样，猛然间感到疼痛，使自己醒来，再坚持读书。最后终于学成，提出了六国联合对付秦国的合纵术，名扬天下。

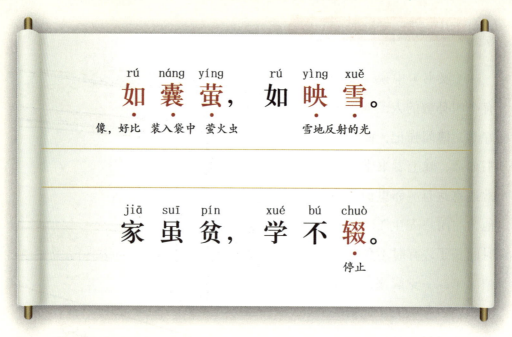

rú náng yíng   rú yìng xuě
如 囊 萤， 如 映 雪。
像，好比 装入袋中 萤火虫   雪地反射的光

jiā suī pín   xué bú chuò
家 虽 贫， 学 不 辍。
停止

释 义

晋朝人车胤，把萤火虫装入纱袋中，用来照明读书；孙康用雪地反射的光来学习。他们虽然家境贫寒，却从来没有停止过学习。

思 考

1. 你有过正在学习的时候，突然停电的经历吗？你又是怎么做的呢？

2. 你觉得孙康和车胤想的办法怎么样？

3. 如果你的学习环境和他们一样，你会继续求学吗？

　　"囊萤"出自《晋书·车胤传》，"映雪"则出自《孙氏世录》。

　　车胤是东晋南平郡（今湖南津市、安乡，湖北公安一带）人，字武子。他自幼非常喜欢读书，但家里穷得连灯油也买不起，他十分苦恼。有一天晚上，他在野外散步，看到许多飞舞的萤火虫，顿时有了好主意。他用纱绢做成一个袋子，抓了一些萤火虫装进去，借着萤火虫的微弱的光来读书，终于博学而知名。后来官至东晋中书侍郎，爵关内侯。太元年间，任国子博士。

　　孙康是晋代京兆（今河南洛阳）人，官至御史大夫。他小时家里很穷，但他还是想尽办法读书。一个雪夜，他拿着书在月光下读，由于看不清两眼发麻，他就干脆趴到雪地上，大雪反射的光，把书上的字照得很清晰。他惊喜万分，趴在雪地里，直到把书读完。整个冬天，他夜以继日地读书，不怕寒冷，也不感到疲倦，常常一直读到鸡叫。即使是北风呼号，滴水成冰，他也从来没中断学习。功夫不负有心人，孙康终于成为一位很有名望的大学者。

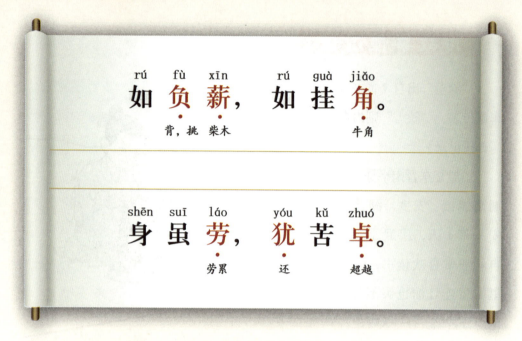

rú fù xīn， rú guà jiǎo。
如 负 薪， 如 挂 角。
背，挑 柴木 牛角

shēn suī láo， yóu kǔ zhuó。
身 虽 劳， 犹 苦 卓。
劳累 还 超越

释 义

　　汉朝的朱买臣利用挑柴的时间看书；隋朝的李密把书挂在牛角上，有时间就读书。他们的身体虽然很劳累，但在艰苦的环境中这样努力学习，坚持不懈，终有所成。

思 考

1. 你认为朱买臣妻子的做法对吗？

2. 如果朱买臣整天砍柴而不读书，他能当上太守吗？

3. 前文的几个故事都说明了什么道理？你还知道其他类似的故事吗？

汉朝人朱买臣，小时候家里很穷。为了维持生活，他每天都得上山砍柴，没有时间读书。但是他好学不倦，常常背着柴一边走，一边看书。他的妻子看见了，就时常骂他，后来因为受不了苦，就离开朱买臣改嫁了。不到五年的时间，朱买臣就当上了太守，他的妻子看到朱买臣大富大贵了，就想与他重修旧好，但被朱买臣拒绝了。

隋朝有一个叫李密的人，小时候给人家放牛，每天出去都要带几本书，挂在牛角上。牛在草地上吃草的时候，李密就坐在草地上用心读书。这件事被传为佳话，大家都很佩服他刻苦读书的精神。

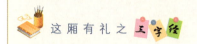
sū lǎo quán   èr shí qī

苏 老 泉， 二 十 七。

宋朝的苏洵，号老泉

shǐ fā fèn   dú shū jí

始 发 愤， 读 书 籍。

释 义

宋朝文学家苏洵，到了二十七岁才开始发奋学习，研读各种书籍。

思 考

1. 苏洵二十七岁才开始学习，仍然能够学有所成，这说明了怎样的一个道理？

2. 你认为你该学的知识是不是都学得很好？

3. 你的身边有没有年纪很大才开始读书的人呢？

苏老泉就是北宋著名文学家苏洵，他是鼎鼎大名的苏辙、苏轼兄弟的父亲。

苏洵年轻的时候，整日为家庭生计奔波，没有时间读书，一晃就到了27岁，他觉得不能再这样下去了，他觉得自己应该有所作为，于是对妻子说了，妻子程氏是个非常贤惠的女子，她理解并支持苏老泉的想法，承担了家庭的重担，让老公专心学习。后来，苏洵果然学有所成，成了当时有名的文学家。

在他的教育下，他的儿子苏轼、苏辙也都有很大的成就。他们父子三人以其文学成就著称于世，被人们称为"三苏"，均被列入"唐宋八大家"。唐、宋是中国两大盛世、两大文化高峰，涌现出无数才华横溢的大家学者，而唐宋散文八大家中，苏氏一门就占了三位，这是多么了不起的成就。所以说，只要肯学，什么时候都不算晚。

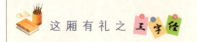
bǐ jì lǎo, yóu huǐ chí
彼 既 老，犹 悔 迟。
人家，指苏洵　已经　　　　还

ěr xiǎo shēng, yí zǎo sī
尔 小 生，宜 早 思。
你们　年轻人　　　　思考明白，想清楚

释 义

　　已经错过最佳学习年龄的苏洵，还知道后悔自己努力得晚了。年轻人更应该早早想清楚这其中的道理，把握大好时光。

思 考

1. 在学习中，天分固然很重要，如果不努力，会有成就吗？
2. 齐白石五十七岁的时候还在努力学习画虾，你觉得你现在应该怎么做？
3. 画画和写作一样，都需要仔细观察，善于发现。说说你的体会。

齐白石先生小时候，因为家里穷，只能帮人放牛。他看到池塘里的虾在水里游啊游，觉得很有趣，就把虾画了下来。齐白石五十七岁那年，有一天，他从柜子里取出一幅以前画的虾，很不满意，觉得像是死的一样。于是他就买了几只虾，自己养了起来。他每天仔仔细细地观察虾的每一个动作、神态，并画出来。其间，画虾之法也因此经历三次调整，最终虾成为齐白石代表性的艺术符号。

任何领域的人，无论做什么事，不付出辛苦是不可能成功的。所以才有这个著名的公式：成功 =99% 汗水 +1% 聪明。

若 梁 灏， 八 十 二。
ruò liáng hào　bā shí èr

对 大 廷， 魁 多 士。
duì dà tíng　kuí duō shì
应对　朝廷　　超越，领先　读书人

释 义

　　北宋时期的梁灏，八十二岁考中状元，在金殿上，对皇帝的提问对答如流，超越了许多一起考试的人。

思 考

1. 梁灏已经是一个白发苍苍的老人，还在坚持不懈地读书，这说明了一个怎样的道理？

2. 你知道"炳烛而学"的典故吗？这是师旷劝谏晋平公不要因为年老而放弃学习所设的比喻，查资料了解一下。

3. 如果没有家长、老师的监督，你能每天自觉地学习吗？

梁灏生于五代，从小就很喜欢读书，可是参加科举考试，一直没有考中。他的几个儿子都考上了，他还是一直名落孙山。他不甘心，就一直考。直到八十二岁那年，才终于考中状元。虽然梁灏是一个白发苍苍的老人，可是他在和很多读书人参加殿试时，不仅才思敏捷，对答如流，而且气度非凡，就连真宗皇帝都对他十分佩服，更不要说其他人了。真宗皇帝当场就封他做了翰林院学士。

有人说这是讹传，根据《宋史》记载，山东人梁灏与梁固是"父子状元"，但是都是英年早逝。梁灏二十三岁考中状元，曾任翰林学士、宋都开封知府等职，可惜四十二岁时病逝。其子梁固在梁灏中状元之日出生，二十二岁时也高中状元。梁固少年时曾著《汉春秋》，可惜三十三岁时因病早逝。

不管是白头老状元，还是年轻有为的父子状元，都值得我们学习。中国历史上晚年求学的例子还有很多，西汉刘向编的《说苑》中记载了一个故事：晋平公问师旷，我已70多岁了，想要读书是不是太晚了？师旷说：不为什么不秉烛而学呢？古人说少年是初升的太阳，壮年是正午的太阳，老年好比点燃的蜡烛，点蜡烛走路和摸黑走路相比，哪个好呢？晋平公恍然大悟。

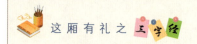
bǐ　jì　chéng　　zhòng chēng yì

彼 既 成， 众 称 异。

指梁灏　成功，达成目标　大家　　惊异，不平凡

ěr　xiǎo shēng　　yí　lì　zhì

尔 小 生， 宜 立 志。

立定人生的目标

释 义

梁灏这么大的年纪还能考中状元，大家都感到很惊异。年轻人更应该早早设定目标。

思 考

1. 你是做事只有三分钟热度的人吗？有没有因为遇到困难就半途而废呢？

2. 如果要完成一件事，你觉得应该怎么做？

姜太公姜尚年轻的时候，家里十分贫寒。他先是在商朝的都城朝歌宰牛卖肉，后来又到孟津卖过酒。日子虽然过得艰难，但他胸怀大志，始终勤奋学习，孜孜不倦地研究治国之道，希望有朝一日能大展宏图。

皇天不负有心人，终于，姜尚暮年在江边垂钓时遇到了周文王，因而得以施展自己的才华。姜尚辅佐周文王期间，制定了一系列富国强兵的政策。

武王姬发即位后，姜尚又被封为国师，据说，这一年他已经七十二岁了。在武王伐纣中，姜尚的功劳巨大，因此被封于齐地。

姜太公是大器晚成的杰出代表，也是他甘于寂寞，矢志不渝的坚守。作为年轻人，更应该从小树立远大理想，并为此而努力用功，一旦机会降临，便可施展才华。

yíng bā suì　　néng yǒng shī
莹 八 岁，能 咏 诗。

北齐时代的祖莹

mì qī suì　　néng fù qí
泌 七 岁，能 **赋** **棋**。

唐朝的李泌　　　　　　作赋　同"棋"

 **释 义**

祖莹八岁的时候就能吟诗。李泌七岁的时候就能用"下棋"为题作赋。

思 考

1. 你能为小朋友们推荐一本书吗？

2. 神童还这么喜欢读书，你觉得你应该怎么做？

3. 你知道王充好学、任末勤学、张溥嗜学的故事吗？查查看。

北齐时的祖莹，出生在世代做官的人家，小时候既聪明，又勤奋，八岁就能背诵《诗经》和《尚书》，并且还会作诗写文章。亲属们都称赞他是"圣小儿"，意思是小神童。

据《魏书》记载，祖莹读书非常刻苦。他总觉得白天的时间不够用，因此常常夜里攻读。父母怕他累坏身体，多次阻止，不让他夜里看书。但他学习如饥似渴，觉得晚上不读书太可惜。父母为这事常犯愁。

一天，父母把家里的灯盏、烛台都藏了起来。祖莹知道这是父母不让他夜读，就悄悄地把火拣在小炉子里，然后盖上一层薄薄的灰。一到夜晚，他拨开灰层，将炭吹红，再用衣服被子把窗户遮上，不让光线透出去。

这个远近闻名的"圣小儿"后来被官方选拔去做"中书学生"，这使祖莹获得了更好的学习环境，加上他刻苦不懈地攻读，长大后终于成为一个很有知识的学者。他才华出众，远近闻名，很受当时皇帝的赏识，被任命为太学博士、殿中尚书、车骑大将军，并有文集流传于世。

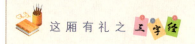

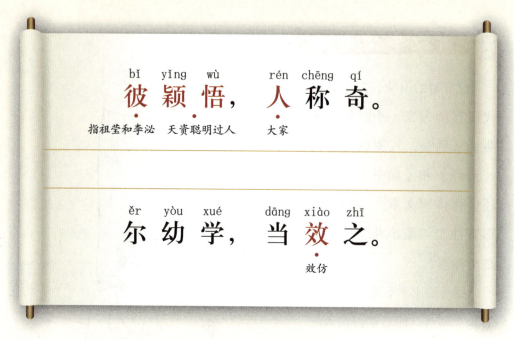

bǐ yǐng wù,　rén chēng qí。
彼 颖 悟，　人 称 奇。
指祖莹和李泌　天资聪明过人　　大家

ěr yòu xué，　dāng xiào zhī。
尔 幼 学，　当 效 之。
效仿

释 义

　　祖莹和李泌天资聪明过人，大家都感到很惊奇。刚刚开始学习的小孩子更应该效仿他们，向他们学习。

思 考

1. 说说你七岁的时候会些什么？
2. 你觉得李泌写的诗好在哪儿？
3. 你认为什么学科需要天赋？

唐朝的李泌聪明过人，七岁时就对儒、释、道三家学说有自己独到的见解。唐玄宗把李泌召进宫，下令让跟自己下棋的大臣张说考考李泌。张说就让李泌用"动静方圆"作诗，并示范：方若棋盘，圆若棋子，动若棋生，静若棋死。李泌不假思索地答道：方若行义，圆若用智，动若骋材，静若得意。（方就是做事正义要有原则，圆就是运用学问要灵活变通，动就是施展自己的才能，

静就是如愿以偿后的满意。）张说当时已经五十多岁，是有名的诗人，而李泌诗的意蕴比张说还要高出很多。唐玄宗听后大惊，许多大臣向李泌发问，他都对答如流。

李泌曾经在唐玄宗、肃宗、代宗、德宗四个皇帝执政时期任过高官，官至宰相。虽然他常遭人妒忌，但都凭借他的机智避免了灾祸。

祖莹和李泌这两个"圣小儿"的天资让人羡慕，但是如果他们不勤奋刻苦，必然会成为长大的仲永，而"泯然众人矣"。

cài wén jī   néng biàn qín

蔡 文 姬， 能 辨 琴。

辨别

xiè dào yùn   néng yǒng yín

谢 道 韫， 能 咏 吟。

吟唱诗歌

 **释 义**

东汉末年的蔡文姬能够辨别琴音的好坏。晋朝的才女谢道韫能够出口成诗。

思 考

1. 你知道曹操和蔡邕、蔡文姬的故事吗？

2. 古人说"女子无才便是德"，你觉得是古代的女子幸福，还是现代的女子幸福？为什么？

3. 如果你可以选择，你愿意成为一个女孩子吗？为什么？

蔡文姬，名琰，字文姬，一字昭姬，陈留圉（今河南杞县）人。她博学有才，通音律，据说能凭听力判断古琴的第几根琴弦断掉。她是建安时期著名的女诗人。

蔡文姬的父亲蔡邕也是东汉著名的大学者、书画家、文学家。一次，蔡邕正在弹琴，忽然家中的猫抓到一只老鼠，但还未能制服老鼠，蔡邕不知不觉受到感染，此情绪贯入琴的旋律中。在后房听琴

的蔡文姬忽然说："猫鼠斗快结束了吧。"蔡邕很惊奇，连声称赞。

可是战乱时代才女被匈奴掳去，成了左贤王的夫人，并育有二子，十二年后曹操用重金把蔡文姬赎回。回到日夜想念的故国，文姬当然欣慰；但离开在匈奴的子女，又觉悲伤。怀着矛盾的心情，她写下了著名诗歌《胡笳十八拍》。文姬归汉后，整理父亲失散的书稿，为继承和发展民族文化做出了贡献。

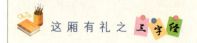
bǐ nǔ zǐ   qiě cōng mǐn
彼 女 子， 且 聪 敏。
指蔡文姬和谢道韫

ěr nán zǐ   dāng zì jǐng
尔 男 子， 当 自 警。
自我警惕

释 义

蔡文姬和谢道韫都是女孩子，还这么聪明伶俐，身为一个男子汉，自己更要有所警醒。

思 考

1. 你还知道哪些古代有名的女子？请你说一说她们的故事。

2. 你觉得男生和女生各自的优势在哪？

3. 你认为女生必读的书是什么？

谢道韫出身名门望族，陈郡阳夏（今河南太康）人，是东晋后期打败苻坚的百万大军，赢得淝水之战的一代名将谢安的侄女、安西将军谢奕之女，大书法家王羲之的二儿子王凝之的妻子。谢道韫才学过人，聪慧而有辩才，且勇敢果断，品位高雅，是东晋著名的女诗人。《晋书》本传记她"风韵高迈"、"神情散朗，有林下风气"。谢道韫生于崇尚风神气度、竹林七贤的遗风尚在的东

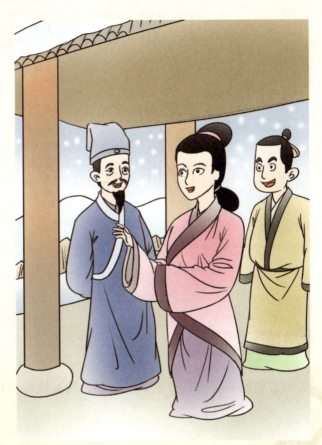

晋，出身名流世家，又才华横溢，因此行事像男子一般潇洒不羁，很有竹林名士的风气。

据《世说新语》记载，一年冬天下大雪，伯父谢安与人在后院赏雪，谢安一时高兴，出了一句"白雪纷纷何所似"来考晚辈们，大家抢着回答都不如意，此时道韫答道"未若柳絮因风起"。谢安听了非常高兴。因其比喻精妙，后人称之为"咏絮之才"，这也成为形容才女的专有名词。也因为这个著名的故事，她与汉代的班昭、蔡琰等人一起成为中国古代才女的代表人物。

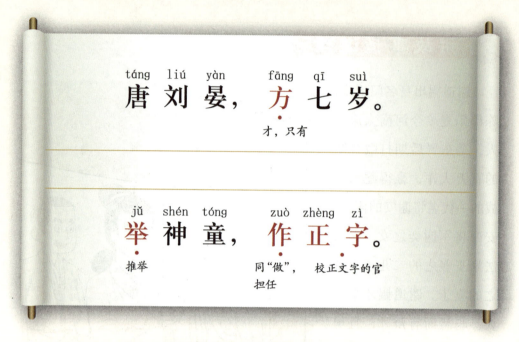

táng liú yàn　　fāng qī suì
唐 刘 晏，方 七 岁。
　　　　　　　才，只有

jǔ shén tóng　　zuò zhèng zì
举 神 童，作 正 字。
推举　　　　同"做"，　校正文字的官
　　　　　　担任

释 义

　　唐朝的刘晏，只有七岁的时候，就被推举为神童，担任校正文字的官。

思 考

1. 我国历史上有很多神童的故事，他们的知识是天生就有的吗？

2. 祖莹、李泌、刘晏这样的神童，长大后依然很有成就，为什么？

3. 你身边有类似神童这样的人吗？如果你不努力学习能赶上他们吗？

唐代的刘晏小时候就很有文采，七岁时，被选为神童；八岁时，唐玄宗宣他入宫，让大臣考考他。刘晏对答如流，唐玄宗就立刻封他做了翰林院的正字官，就是太子府的文字典籍方面的校对官。

有一次，刘晏在皇宫里玩，唐玄宗正好过来，就问刘晏正了哪些字，刘晏立刻回话："四书五经里的字，除了一个'朋'字我正不了，别的字我都能正。"唐玄宗听了很惊讶，因为当时朝中有很多大臣拉帮结派、朋党相争、贪污成风，刘晏说的"朋"指的就是这件事。

刘晏虽然少年得志，但他并不因此而骄傲。为了改善唐朝晚期人民的生活，终日孜孜不倦，骑马上朝时心里还在盘算各种账目。他饮食简单，连个使女丫头都不用，他死时所有财产就是两车书籍和几斗麦子。一个掌管唐朝经济命脉的理财大臣如此两袖清风，只靠自己的本分来体现自己的价值，实在令人称道。

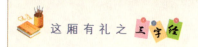
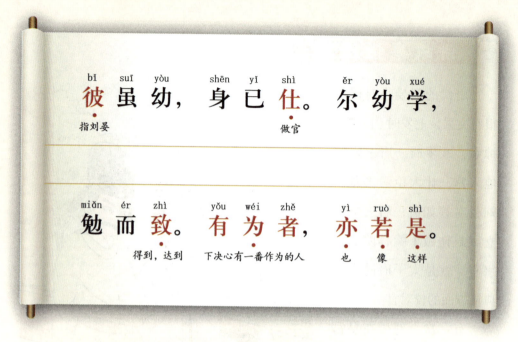

彼虽幼，身已仕。尔幼学，
bǐ suī yòu，shēn yǐ shì。ěr yòu xué，
指刘晏　　　　做官

勉而致。有为者，亦若是。
miǎn ér zhì。yǒu wéi zhě，yì ruò shì。
得到，达到　下决心有一番作为的人　也　像　这样

释义

　　刘晏年龄虽然很小，但却已经做了官，担当了国家给他的重任。我们应该像他这样在年龄很小的时候就发奋读书，勉励自己，努力地达到自己的目标，只要下定决心，就一定可以成功。

思考

1. 你还知道哪些神童勤奋学习的故事？

2. 你听过"曹冲称象"的故事吗？你知道曹冲在称象时运用了哪些知识吗？

3. 你能将你学到的知识运用到生活中吗？

讲故事懂道理

三国时期，曹冲称象的故事应该是家喻户晓了，曹冲少年时就十分聪慧，而且心地仁爱。有一回，曹操的马鞍在仓库里被老鼠啃咬，负责看管的小吏怕被治罪，曹冲对他说："三天过后，你再去自首。"曹冲用刀戳破自己的单衣，然后摆出一副发愁的样子，对曹操说："听人说衣服被老鼠咬了，主人会不吉利。"曹操笑着劝他："那是瞎说，不用苦恼。"三天之后，库吏汇报老鼠咬马鞍的事，曹操一点也没

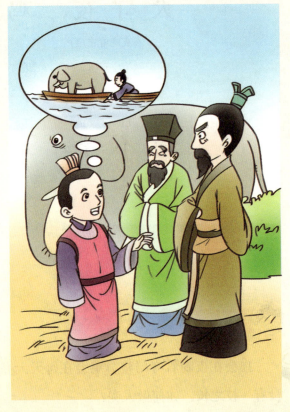

有责怪。聪明善良的曹冲这样帮助了很多人，曹操几次对大臣们称赞曹冲，想让曹冲继承大业。可惜天妒英才，曹冲 13 岁时得重病夭折，曹操极为悲痛。然而聪慧又仁德的曹冲至今被人铭记。

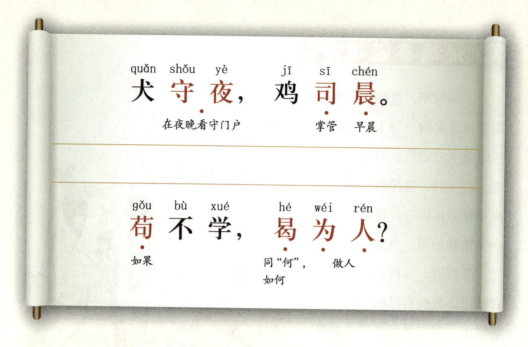

quǎn shǒu yè   jī sī chén
犬 守 夜，鸡 司 晨。
　　在夜晚看守门户　　　掌管　早晨

gǒu bù xué   hé wéi rén
苟 不 学，曷 为 人？
如果　　　　　同"何"，　做人
　　　　　　　如何

释　义

　　狗会在夜晚看守门户，鸡会在每天天亮时报晓。人如果不好好学习，没有一技之长，如何做人呢？

思　考

1. 你知道鸡是在什么时候报晓吗？

2. 你是怎样理解这句话的？

3. 如果你不读书，你能做什么呢？读了书又能做些什么呢？

讲故事懂道理

很久很久以前，人们开垦出来好多土地，种庄稼，由于土地肥沃，人们工作勤勤恳恳，庄稼每年都有好收成。有一年夏天，正当人们准备收庄稼的时候，天上出现了很多蝗虫，铺天盖地地朝人们飞来。人们吓得不敢去地里劳作，只能眼睁睁地看着粮食被蝗虫吃掉。

就在人们十分着急的时候，从天空中飞来一只金色的大雄鸡，对着蝗虫不停地啄。三天三夜以后，天上飞的、地上跑的蝗虫都被大雄鸡吃光了。可是，蝗虫虽然被大雄鸡吃光了，可是庄稼也没有了，人们都很失望，就赖在床上，不愿意再去劳作了。这样不知道过了多少天，有一天黎明，人们睡得正香的时候，突然传来了一阵"喔、喔、喔……"的声音。

从此以后，人们就不再懒惰了，因为雄鸡每天都会报晓，人们又恢复了勤勤恳恳劳作的日子。在古人看来，狗生下来就会看家，公鸡天生会打鸣，这是动物的本能；而人如果不学习的话，连鸡、狗都不如啊。

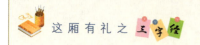
cán tǔ sī　　fēng niàng mì

蚕吐丝，蜂酿蜜。

rén bù xué　　bù rú wù

人不学，不如物。

比不上　　指蚕、蜜
蜂等动物

释　义

　　蚕会吐丝，蜜蜂会酿蜜。人如果不知道学习，还比不上这些动物。

思　考

1. 从蜜蜂酿蜜和李贺写诗的故事中，你学到了什么？

2. 蜜蜂酿蜜要反复吞吐 100~240 次，你得到什么启发？

3. 你见过春蚕吐丝吗？有条件的话，你可以仔细观察一下。

讲故事懂道理

你喜欢吃蜂蜜吗？你知道蜜蜂是怎样酿蜜的吗？

蜜蜂把采到的花蜜装在腹部的蜜囊里，在体内转化酶作用下发酵，回到蜂巢中吐出，如此反反复复要100~240次，经过一段时间后，多余的水分蒸发完，就形成了香甜的蜂蜜。

正如蜜蜂酿蜜一样，知识也是靠勤学苦练，一点一滴积累而来。人如果不学习，只知耗费资源，那还不如小小的桑蚕和蜜蜂。

唐朝著名的诗人李贺写出这么多的好诗，靠的就是这个功夫。李贺为写诗花费了许多心血。他常常吃了早饭，就背个破旧的锦囊，骑着毛驴到外面去游历。途中偶尔想到一句半句好诗，便记在纸条上，装在锦囊中。晚上回到家里，他再把纸条拿出来，进行选择整理，以这些零碎的句子做骨架，精心构思诗篇，并把写成的诗篇集中在另一个锦囊中。

就这样，经过长年累月的积累，李贺终于成为唐朝著名的诗人。

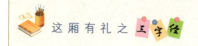
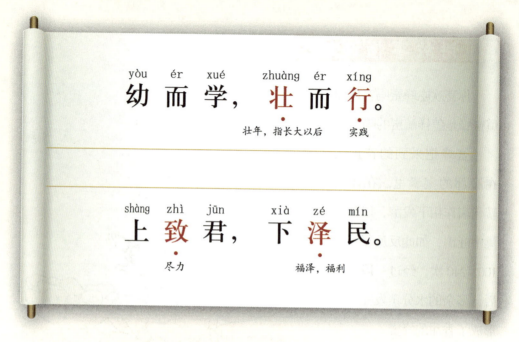

yòu ér xué, zhuàng ér xíng。
幼 而 学, 壮 而 行。
壮年,指长大以后　　实践

shàng zhì jūn, xià zé mín。
上 致 君, 下 泽 民。
尽力　　　　　福泽,福利

释 义

　　年幼的时候好好学习努力充实自己，长大的时候把所学知识用于实践，上报效国家，下为百姓谋福利。

思 考

1. 你对岳母刺字有什么看法？请你说一说。

2. 你以后会如何报效祖国？

3. 你觉得哪些行为是爱国的表现？请你说一说。

一个人的格局，胸怀要高远，从小就要心怀君国，要有造福一方的志向。南宋时，金兵大举入侵中原，南宋当权者腐败无能，节节败退，国家处在生死存亡的关头。岳飞决定投军抗金。临行前，岳飞的母亲姚太夫人把岳飞叫到跟前，说："现在国难当头，你有什么打算？"

"到前线杀敌，精忠报国！"岳飞毫不犹豫地回答。岳母听了儿子的回答，十分满意，决定把这

四个字刺在儿子的背上，让他永远铭记在心。岳飞解开上衣，请母亲下针。岳母问："孩子，用针刺是很痛的，你怕吗？"岳飞回答："小小钢针算不了什么，如果连针都怕，怎么去前线打仗！"

岳母就先在岳飞背上用毛笔写好字，然后用绣花针刺了起来。刺完之后，岳母又涂上醋墨。从此，"精忠报国"四个字就永不褪色地留在了岳飞的后背上。母亲的鼓舞激励着岳飞，后来岳飞成为著名的抗金英雄，为历代人们所敬仰。

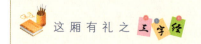

yáng míng shēng　　xiǎn fù mǔ

扬 名 声， **显** 父 母。
宣扬　　　　　　荣耀

guāng yú qián　　yù yú hòu

光 于 前， **裕** 于 后。
光荣　　指祖宗　　造福　　后代子孙

释 义

　　年幼的时候好好学习，到了长大的时候把所学知识用于实践，报效国家，为百姓谋福利。做到这些以后，名声就会宣扬出去，父母也会为你感到荣耀，也给祖先增添光彩，给后代留下好榜样。

思 考

1. 你有没有遇到过被别人瞧不起或者瞧不起别人的情况？
2. 你认为只有金榜题名才是光宗耀祖吗？

明孝宗时，二十八岁的康海进京参加会试，他发誓要夺得第一名。可惜的是，第一名还是被鲁铎夺去了，他仅仅得了第四名，康海不服气，对众人说："会试时让了鲁铎，殿试时绝不再让他人！"殿试时，康海果然发挥出色，一举夺魁。其文章令主考官拍案叫绝。送皇上审阅时，孝宗也赞不绝口，声称："我大明一百四十年来，无此佳作，此卷超今绝古！"遂朱批康海为状元。

当初会试时康海不服鲁铎的气，这次自然有人不服他的气，第二名孙清便是一个。但是当他看到康海考中状元的文章时，叹服不已，跑到康海家里，拜了半天，称自己甘愿为徒。

皇上、首辅和同年的赞誉，使康海名扬天下，朝野景慕，争一睹其风采。能与康海家沾上点边的，都引以为自豪。康海的祖父曾在南京做过官，南京人便声称："康状元乃南京风水所出。"康海可谓出人头地，光宗耀祖。

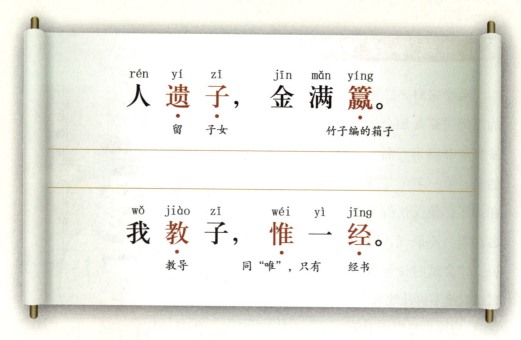

rén yí zǐ　　jīn mǎn yíng

人 遗 子， 金 满 籯。

留　　子女　　　　竹子编的箱子

wǒ jiào zǐ　　wéi yì jīng

我 教 子， 惟 一 经。

教导　　　同"唯"，只有　经书

释 义

　　有的人留给子女的是满箱的金银珠宝。我教导孩子，只有这一本经书，希望他们能致力于学习。

思 考

1. 你觉得是有一技之长重要，还是有很多钱重要？
2. 你希望你的父母给你些什么？
3. 你希望如何回报你的父母呢？

这里说的是西汉的一位丞相韦贤教子的故事。韦贤，字长孺。鲁国邹（今山东邹城东南）人。据《汉书》记载，韦贤生性淳朴，对于名利看得很淡，一心一意专注于读书，因此学识非常渊博，兼通《礼记》《尚书》等经典，并以教授《诗经》著名。当时的人都称他为邹鲁大儒。

韦贤不但自己勤学苦读，对儿子们也教导有方。韦贤有四个儿子，长子韦方山曾为高寝令，早丧；次子韦宏官至东海太守；三子韦顺留守邹县为父亲守坟；小儿子韦玄成又以才学超群受到皇帝重用，位至丞相。因此，邹城有谚语说："遗子黄金满籝，不如教子一经。"就是说，留给子孙满箱的金银财宝，不如教他读书，让他知道为人处世、治国平天下的道理。有了道德和学问，就有用不尽的财产。这样，孩子就可以独立，父母就不用再为他操心了。

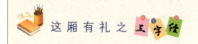

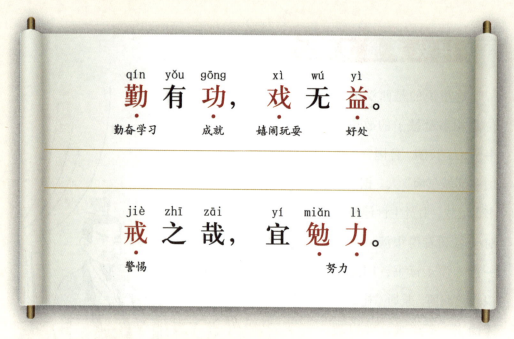

qín yǒu gōng, xì wú yì.
勤 有 **功**, **戏** 无 **益**。
勤奋学习　　成就　　嬉闹玩耍　　好处

jiè zhī zāi, yí miǎn lì.
戒 之 哉, 宜 **勉 力**。
警惕　　　　　　　　　努力

释义

　　勤奋学习才会有成就，整天嬉戏玩耍是没有好处的。对于这两句话，我们要牢记心中，要坚持不懈地学习。

思考

1. 这个故事对你有什么启示？
2. 看了这个故事，你觉得想要成功应该怎么做？
3. 你最喜欢做的事是什么，你为了做好这件事付出了多少努力？

晋代书法家王献之自小跟父亲王羲之学写字。有一次，他把写的"大"字捧给父亲看。王羲之看后，在儿子写的"大"字下面加了一点，成了"太"字，因为他嫌儿子写的"大"字架势上紧下松。母亲看了王献之写的字，叹了口气说："我儿练字三千日，只有这一点是像你父亲写的！"王献之听了很羞愧。

他向父亲请教写字的秘诀。王羲之带着他来到后院，指着院里的十八口缸说："秘诀就在这十八口大缸里。等你写完院中这十八缸水，你的字才会有筋有骨，有血有肉，才会站立得稳。"从此献之更加下功夫练习写字了。

王羲之看到儿子用功练字，心里非常高兴。一天，他悄悄地走到儿子的身背后，猛地拔他执握在手中的笔，没有拔动，于是他赞扬了儿子说："此儿后当复有大名。"后来，王献之真的写完了这十八缸的水，与他的父亲一样，成了著名的书法家。所以勤学苦练是通往成功的唯一捷径，世上的事都是如此。

图书在版编目(CIP)数据

这厢有礼之三字经 / 杨中介,张海彤主编. —— 桂林 : 漓江出版社, 2015.12
(大私塾教养阶进丛书)
ISBN 978-7-5407-7406-6

Ⅰ. ①这… Ⅱ. ①杨…②张… Ⅲ. ①古汉语–启蒙读物Ⅳ. ①H194.1

中国版本图书馆CIP数据核字(2014)第298902号

这厢有礼之三字经

主　　编：杨中介　张海彤

策划统筹：符红霞

责任编辑：张　芳

内文设计：黄　菲

责任监印：唐慧群

出 版 人：刘迪才

出版发行：漓江出版社

社　　址：广西桂林市南环路22号

邮　　编：541002

发行电话：0773-2583322　　010-85891026

传　　真：0773-2582200　　010-85892186

邮购热线：0773-2583322

电子信箱：ljcbs@163.com　　http://www.Lijiangbook.com

印　　制：北京盛源印刷有限公司

开　　本：889×1230　1/16　印　张：12　字　数：60千字

版　　次：2016年1月第1版　印　次：2016年1月第1次印刷

书　　号：ISBN 978-7-5407-7406-6

定　　价：35.00元